교회를 위한 신학강좌 02

교회란 무엇인가

교 회 는
개혁되어야

이 도서의 국립중앙도서관 출판예정도서목록(CIP)은 서지정보유통지원시스템 홈페이지(http://seoji.nl.go.kr)와 국가자료공동목록시스템(http://www.nl.go.kr/kolisnet)에서 이용하실 수 있습니다.(CIP제어번호: CIP2015000715)

교회를 위한 신학강좌 02

교회란 무엇인가

교회는 개혁되어야

초판 1쇄 발행 2015년 2월 16일

지은이 조병수 김병훈 안상혁 정창균 홍동필
엮은이 홍동필
펴낸이 안만수
책임편집 조주석
발행처 도서출판 영음사
주소 경기도 수원시 권선구 경수대로369번길 20, 연안빌딩 4, 5층
전화 031) 233-1401,1402
팩스 031) 233-1409
전자우편 biblecomen@daum.net
등록 2011.3.1. 제251-2011-14호

ISBN978-89-7304-107-7 03230

값은 뒤표지에 있습니다

교회를 위한 신학강좌 02

교회란 무엇인가

교회는 개혁되어야

조병수 김병훈 안상혁 정창균 홍동필 지음

도서출판 영음사

머리말

오늘 이 시대,
교회의 중요성

우리나라와 교회는 떼려야 뗄 수 없는 밀접한 관계 속에 있습니다. 일제 강점기를 지나 6·25 전쟁을 겪고 오늘에 이르기까지 우리나라와 교회는 서로에게 깊은 영향을 주고받았습니다. 교회의 부흥이 곧 나라의 부흥이었습니다. 또한 우리 믿음의 선배들은 교회 일이라고 하면 만사를 제쳐두고 우선 그 일에 헌신하고 봉사하며 섬겼습니다. 그런 믿음의 선배들이 있었기에 오늘 우리가 이렇게 안정적인 환경에서 감사함으로 살게 된 것입니다.

그런데 언제부터인가 교회에 대한 인식은 점점 어두워졌고, 교회 일은 최우선이 아닌 차선으로 치부되는 현실을 맞이하게 되었습니다. 세상 사람들만의 이야기가 아닙니다. 성도들마저도 교회에 대한 애정이 식고 있는 현실을 우리는 직면하고 있습니다. 그러나 교회가 없다면 소망도 없습니다. 교회만이 소망입니다. 교회는 주님의 몸이기 때문입니다. 사실 이 시대 모든 인류의 중심은 바로 교회입니다. 과거 구약시대에는 이스라엘을 중심으로 역사가 움직였다면 신약시대에는 바로 이 교회를 통해서 역사가 움직인다는 것을 부인할 수 없습니다.

유럽 교회가 왕성할 때 유럽은 전 세계에서 가장 잘 사는 나라였고 영적으로 큰 은혜가 넘치고 하나님의 역사를 크게 경험하였습니다. 그다음에 영국으로 이 은혜가 흘러들어가면서 영국이 엄청난 성장과 업적을 이루게 되었습니다. 그러다가 청교도들이 신앙의 자유를 찾아 메이플라워호 배를 타고 미국으로 건너가면서 황무지와 같았던 미국이 전 세계에서 가장 강력한 영향력을 가지는 나라가 되었습니다. 그리고 미국 영적 대각성 운동의 열매로 여러 선교사님들이 우리나라에 들어오면서 우리나라도 복을 받기 시작했습니다. 주를 위해 헌신하는 사람들로 인해 온 나라 곳곳에 교회가 세워졌습니다. 중국 사람들이 모이면 장사를 하고, 유대인들이 모이면 회당을 짓고, 한국 사람들이 모이면 교회당을 짓는다고 합니다. 그만큼 우리나라는 복 받은 나라입니다.

그런데 한때는 1,200만 명의 성도를 자랑하던 한국교회가 오늘날 800만 명으로 줄어들었고, 앞으로 40여년 후에는 400만 명으로 줄어든다는 예측이 있습니다. 이런 때에 교회가 다시 살고, 성도들이 교회의 소중함을 깨닫고, 믿음이 교회를 중심으로 성장하기 위해서는 교회에 대한 바른 인식이 필요합니다.

그래서 금년에는 이 시대에 교회의 중요성을 알기 위해 가장 믿을 수 있고 성경적이며 바른 신학을 가진 네 분의 신학교 교수님들을 모시고 강의를 실시하게 되었습니다. 조병수 총장님이 '성경이 말하는 교회'란 주제로, 김병훈 교수님이 '삼위일체 하나님의 언약과 교회'란 주제로, 안상혁 교수님이 '종교개혁과 개혁교회'란 주제로, 정창균 교수님이 '한국교회, 절망과 소망의 이중성'이란 제목으로 강의를 해주셨습니다. 저희 교회와 성도들이 은혜를 누리고 교회의 소중함을 다시 깨닫는 귀중한 시간이었습니다.

지난 해에도 네 분 교수님을 모시고 종말론 강의를 실시했고 그 열매로 『오늘을 살아내는 참된 종말신앙』이란 책을 출간했습니다. 올해도 지난해와 마찬가지로 『교회는 개혁되어야』라는 제목으로 책을 출간하여 저희가 받은 은혜를 함께 나누고자 합니다.

지방이지만 저희 교회가 이런 귀한 강좌를 실시할 수 있는 교회가 되게 하신 하나님께 감사드리며, 이 일에 협력하며 애쓴 장로님들과 성도님들에게도 감사드립니다. 또 성실하고 확실하게 교회에 대해 강의해 주신 네 분 교수님께 감사드립니다. 올해도 이 강좌를 책으로 출간할 수 있도록 허락해주신 도서출판 영음사 대표이신 안만수 목사님과 편집진에게도 감사를 드립니다.

이 책으로 인해 여러분이 교회에 대해서 새롭게 생각하며, 교회의 소중함을 다시 깨닫게 되는 기회가 되기를 바랍니다. 주님의 은혜가 여러분에게 늘 함께 하시기를 기도합니다.

2015년 1월

홍 동 필 목사

차례

성경이 말하는 교회

조병수

"교회란 무엇인가?" 많은 사람들이 질문을 했고 많은 사람들이 대답을 했습니다. 이것은 매우 중요한 주제이고 많은 관심을 가졌던 주제이기 때문에 이 주제를 설명하기 위해서 다양한 방식이 있습니다. 마치 우리가 백두산이나 한라산이나 설악산 같은 큰 산을 바라보면, 동쪽에서 보는 모습과 서쪽에서 보는 모습이 다를 수 있고, 남쪽에서 보는 모습과 북쪽에서 보는 모습이 다를 수 있습니다. 이쪽에서 보면 호랑이처럼 생겼는데, 저쪽에서 보면 아주 예쁜 소녀처럼 보일 수 있습니다. 이처럼 교회는 큰 주제이기 때문에 한쪽 방향에서만 볼 수가 없습니다. 교회를 바라보는 몇 가지 시각에 대해서 설명을 드리려고 합니다.

교회사로 보는 교회

첫째로 교회를 시대별로 나누어 살펴볼 수 있습니다. 초대 교회, 중세 교회, 근세 교회, 현대 교회 이렇게 시대를 나누어서 볼 수 있습니다. 예수님이 오셔서 지금까지 시간이 2000년 정도 흘렀는데, 처음에 초대 교회가 있고, 한참 후에 중세 교회가 있고, 다시 한참 지나면 근세 교회가 있고, 오늘 우리가 살고 있는 현대 교회가 있습니다.

초대 교회

초대 교회의 특징은 교회 건물이 없다는 것입니다. 초대 교회에 왜 건물이 없었을까요? 여러 가지 이유가 있는데, 첫째는 예수님 이후 사도들이 살던 시대는 아직 핍박을 받는 시대였기 때문입니다. 초대 교회는 로마 제국에 의해서 핍박을 받고, 유대교에 의해서 핍박을 받고, 이방인들에 의해서 핍박을 받습니다. 만일 우리처럼 좋은 건물을 가지고 있었다면 로마 경찰들이나 이방인들이나 유대인들이 교회를 가만 두었겠습니까? 가만 두지 않았겠죠. 마치 오늘날 이슬람 지역이나 기독교가 왕성하지 않은 지역에 교회를 세우면 지나가는 사람이 돌도 던지고 불도 지르는 것처럼, 초대 교회가 건물을 가지고 있었다면 너무 뚜렷하게 핍박의 표적이 되고 말았을 것입니다. 이 때문에 초대 교회는 건물을 가질 수가 없었어요.

또 다른 이유는, 초대 교회는 규모가 너무나 작은 교회였기 때문입니다. 지금 우리는 기독교인의 인구가 많기 때문에 헌금을 해서 교회 건물을 지을 수 있지만, 초대 교회는 인구가 너무 적었기 때문에 교회 건물을 사거나 지을만한 경제적 능력도 없었다는 것입니다. 그러다 보니 초대 교회는 건물을 가질 수가 없었습니다. 이렇게 초대 교회의 특징은 여러 가지 이유로 건물이 없었다는 점입니다.

그래서 초대 교회는 신앙의 근거를 건물에 두지 않았습니다. 초대 교회는 신앙의 근거를 사도들이 주님을 보았다는 것에 두었습니다. 초대 교회에서는 주님을 직접 만나 체험했던 사도들이 회중 앞에 나와서 예수님이 우리에게 이렇게 말씀하셨다고 증거를 했습니다. 예를 들면, 예수님께서 우리를 데리고 변화 산에 올라갔을 때 이런 일이 벌어졌다 이런 식이었습니다. 그래서 초대 교회에서는 권위가 건물이나 제도에 있기보다는 주님을 직접 만나서 주님의 음성을 생생하게 들었다는 체험담과 목격담에 있었습니다. 때로는 가정집에서 예배를 드리건, 두란노 서원 같은 공공기관을 빌려서 예배를 드리건, 핍박을 받아 더 이상 예배드릴 데가 없어 지하 무덤에 들어가서 예배를 드리건, 초대 교회 성도들은 아무 문제를 느끼지 않았습니다. 그들에게는 생생한 이야기를 들려주는 사도들이 있었기 때문입니다. 교회의 근거가 보이는 건물이라는 물질에 있지 않고 주님을 알고 믿었던 사도들의 말씀에 있었던 것입니다.

그런데 시대가 한참 지나고 나서 중세 시대가 시작되었습니다. 대략 한 300–400년에 말입니다. 주님을 만났던 사도들이 죽고, 사도들의 말씀을 들었던 사람들도 죽고, 여러 세대를 내려가니 이제는 주님에 대한 목격담을 이야기해 줄 사람이 없게 되었습니다.

중세 교회

중세 교회의 특징은 눈에 보이는 것들을 만들었다는 데 있습니다. 초대 교회와 중세 교회의 큰 차이점은 바로 이것입니다. 초대 교회는 보이는 것에 별로 관심이 없고, 보이지 않는 것에 관심을 두었어요. 하지만 사도들, 사도들을 잇는 제자들, 그 제자들의 제자들이 모두 세상을 떠나고 중세 교회가 시작되면서 무엇인가 허전했습니다. 그것을 해결하기 위해서 무엇인가 보이는 것이 있어야겠다는 생각이 들었습니다. 보이는 것이 있어야 주님을 잘 믿지 않겠냐는 것입니다. 그래서 중세 교회는 교회 건물을 짓기 시작했어요. 웅장한 건물을 지었습니다. 지금도 유럽에 가면 천 년도 넘은 중세 교회 건물들이 있고, 어떤 수도원 같은 경우는 1200–1300년 전에 지은 것들도 있습니다. 중세 교회는 그런 건물들을 짓기 위해서 엄청난 인력과 재정과 시간을 드렸습니다. 왜냐하면 이제는 무엇인가 보이는 것에 마음을 두어야 하기 때문입니다. 그래서 중세 교회는 보이는 건물에 치중하였습니다.

보이는 건물에 치중하다 보니 그 관심이 발전되었습니다. 그래서 중세 교회는 건물만 지어서는 안 되겠다고 생각했습니다. 건물에 예수님 형상도 필요하고, 예수님의 어머니인 마리아 형상도 필요하고, 예수님을 따라다녔던 사도들, 심지어 구약시대에 있던 모세와 선지자의 형상도 필요하다고 느꼈습니다. 이 모든 것들을 눈으로 봐야 확실히 믿지 않겠냐는 것입니다. 그래서 중세 교회는 교회 건물을 지을 뿐 아니라 교회 건물 안에 다양한 형상들을 만들기 시작했습니다.

로마 가톨릭 교회의 특징은 건물이 웅장하고, 그 안에 들어가면 수많은 형상들이 서 있습니다. 중세 교회는 예수님의 형상, 사도들의 형상, 선지자들의 형상을 만들어 신앙을 보이지 않는 것에서 찾기보다는 보이는 것에서 찾기 시작했다 이런 말입니다.

그리고 더 나아가서는 건물이나 형상 같은 보이는 것들에 신앙의 근거를 두다 보니까 그것을 가르치고 지켜야 할 사람들이 필요하게 됐습니다. 이 때문에 성직제도가 강화가 된 것입니다. 성직제도가 강화되면서 소위 교황제도가 신학으로 확립되었습니다. 교황이 사도 베드로의 권위를 물려받았다는 것입니다. 그러면서 교회를 지키기 위해서는 사제와 교황이라는 성직자의 권위가 필요하다고 주장하게 되었습니다. 하지만 성직제도는 교회를 지키기 위한 직분으로서 교황과 사제 이런 성직자들을 강조하는 것으로 그치지 않았습니다. 그들의 권위는 단순히 건물과 형상을 지키는 것만이 아니라 일반 성도들과 무엇인가 다른 점에서 나타나야 했습니다. 이 목적을 이루기 위해 성직자들은 수도원을 만들어 경건 생활을 하면서 자신들이 일반 성도들과 다르다는 것을 강조했습니다. 중세 교회는 그렇게 발전했어요. 중세 교회가 되면서 초대 교회와 아주 달라졌지요. 초대 교회는 교회 건물이 필요 없었어요. 교회의 권위를 주님을 체험한 사도들의 말씀에 두었습니다. 그러나 사도들이 사라지고 중세 교회가 되면서 교회 건물을 강조하고 형상을 강조했으며, 성직자 직분과 수도원 제도를 발달시켰습니다.

종교개혁 시대

그러다가 우리가 잘 아는 종교개혁이 일어났습니다. 1517년에 마르틴 루터라는 독일 사람이 종교개혁의 횃불을 들고 중세 교회의 문제점을 지적하기 시작했습니다. 중세 교회의 문제는 결국 보이는 것에 치중하는 것이었습니다. 소위 성상이란 것을 만들고, 베드로와 같은 사도의 옷 조각을 수집해 놓고, 예수님이 십자가에 못 박혔다는 십자가의 조각들도 구해다 놓았습니다. 중세 교회가 보이는 것에서 신앙의 근거를 찾으려 하니까, 종교 개혁자들은 신앙의 근거는 보이는 건물과 형상에 있는 것이 아니라, 오직 하나님의 말씀에 있다고 외치게 된 것입니다. 그들은 하나님의 말씀으로 돌아가야 한다고 외쳤습니다. 그래서 하나님의 말씀으로 돌아가자는 것, 이게 종교개혁입니다.

한마디로 말하면 종교개혁은 보이는 것에 관심하지 말고 하나님의 말씀으로 돌아가자는 것입니다. 이런 점에서 초대 교회와 종교개혁은 상당히 유사한 점을 가지고 있습니다. 초대 교회 때도 사도들은 주님의 말씀을 전했어요. 종교 개혁자들도 주님의 말씀을 전했어요. 그런데 차이점이 뭐냐면, 초대 교회는 주님의 음성을 직접 들은 사람들이 주님의 말씀을 육성으로 전달했다면, 종교개혁은 주님의 말씀을 육성으로 전달하는 것이 아니라 성경에 기록된 문자로 즉 성경책으로 전달했다는 것입니다. 그러니까 중세 교회는 보이는 물질에 강조를 두지만, 초대 교회와 종교개혁 교회는 말씀을 강조한다는 점에서 서로 다릅니다. 초대 교회와 종교개혁 교회는 둘 다 말씀을 강조한다는 지점에서 만납니다. 그저 차이점이 있다면 초대 교회는 육성으로 전달하는 말씀을 가지고 있었고, 종교개혁 교회는 기록된 성경으로서의 말씀을 가지고 있었다는 것입니다.

그래서 교회의 신앙은 말씀으로 돌아가는 데 있는 것입니다. 말씀으로 돌아가려다 보니, 결국 말씀을 잘 배우기 위해서는 우리가 반드시 알아야 할 것이 있습니다. 무엇입니까? 신학을 알아야 하는 것입니다. 우리의 신앙이 성경에 근거를 두고 있다면 성경을 알아야겠지요. 그런데 창세기부터 요한계시록까지 성경을 하루 만에 다 읽을 수가 없습니다. 그렇게 하면 좋은데 분량이 많기 때문에 그렇게 할 수가 없습니다. 그래서 성경을 체계적으로 그리고 조직적으로 깨닫도록 종교 개혁자들이 만들어 낸 것이 신앙고백입니다. 개혁자들은 신앙고백을 만들어서 성도들에게 가르쳤어요. 종교개혁 교회는 성도들을 가르치려 하기 때문에 교육을 굉장히 강조했습니다. 중세 교회는 성도들을 교육하지 않았어요. 중세 교회는 성경을 읽으라고 말하지 않아요. 왜냐하면 성경을 읽을 필요 없이 마리아 형상, 베드로 형상, 예수님 형상을 보고 믿기 때문입니다. 개혁자들은 성경을 읽을 필요가 없다고 무시한 중세 교회를 비판하면서 이제 성경으로 돌아가자고 말했습니다. 성경을 알려면 공부를 해야죠. 그래서 개혁자들은 성경을 체계적으로 가르치기 위해서 신앙 교육을 했던 것입니다. 일반 신자들에게만 아니라 세례를 받으려는 사람들에게 신앙고백서를 가지고 가르쳤습니다. 종교개혁은 교회의 기반을 성경에 둡니다. 우리는 종교개혁의 전통을 따르기 때문에 당연히 성경에 신앙의 기반을 두어야 합니다. 성경 말씀에 기반을 둔다는 말은 성경을 읽어야 한다는 말이자 동시에 성경을 신앙 교육으로 체계적으로 배워야 한다는 말입니다. 신앙 교육을 체계적으로 받지 않고 자기 혼자 성경을 읽으면서 마음대로 이상하게 풀이하면 이단이 되는 것입니다. 많은 이단들이 이런 어리석은 길을 갑니다.

종교개혁 교회는 하나님의 말씀으로 돌아갔다는 것이 중요합니다. 그래서 종교개혁 시대에는 책들이 엄청나게 많이 나왔습니다. 이미 구텐베르크가 활자를 개발해놓았기 때문에 서적 출판은 아주

용이하게 되었습니다. 첫째로 성도들을 가르치기 위해서 책들이 출판되었고, 둘째로 성경을 가르치다 보니 논쟁이 붙어서 그것을 해결하기 위해서 책을 출판하게 되었습니다.

근세 교회

그런데 성경을 배우다 보니 어떤 현상이 일어났는가 하면, 성경을 읽고, 성경을 암송하고, 신앙고백 교육을 받다 보니 너무 머리만 크는 것이 아닌가 하는 반성이 생겼습니다. 그래서 어떤 사람들의 마음속에 이건 좀 답답하다, 기도도 해야 되지 않겠나 또 경건을 연습해야 되지 않겠나 하는 생각이 들었습니다. 이 때문에 종교개혁 시대에 이어서 경건주의라는 운동이 일어난 것입니다. 경건주의는 공동체적인 기도 운동입니다. 그래서 경건주의 신자들은 어느 장소에 모여서 기도하고 기도하고 또 기도해요. 기도는 참 훌륭한 것인데, 어떤 문제가 있냐 하면 기도를 너무 강조하다 보니 성경에 크게 집중을 하지 않아요. 그리고 기도를 많이 하면 무슨 이야기를 하냐면, 성경을 읽으면 뭐해 내가 기도해서 직접 응답 받으면 되지 이렇게 말합니다. 그래서 직통 계시를 받는다는 이런 이상한 현상이 일어납니다. 그러니까 기도를 한다는 것은 좋은 일인데, 성경에 바탕을 두지 않고 기도하게 되면 문제가 생기더라는 것입니다. 그래서 근세 교회에 경건주의 운동은 성경을 많이 배우는 것에 회의를 하는 바람에 성경을 덜 읽고, 기도하는 쪽으로 힘을 들여서 하나님의 말씀에서 떠나가는 현상을 드러냈습니다.

현대 교회

그런데 이런 경건주의 운동이 한참 진행되고 있는 중에 어느덧 오늘 우리가 살고 있는 세상은 현대가 되고 말았습니다. 1900년대가 되고 2000년대가 되었어요. 현대로 넘어오면서 사람들은 산업전선에 나와 일을 하는 동안 한 가지 배운 게 있어요. 사람은 혼자서 모든 일을 다 할 수 있는 것이 아니라는 사실입니다. 그래서 사람은 분업을 하는 수밖에 없다는 것이지요. 시계를 만드는 것을 예로 들면, 어떤 사람은 시침을 만들고, 어떤 사람은 분침만 만들고, 어떤 사람은 태엽만 만들어 조립을 합니다. 산업이 점점 분업화되면서 사람들에게 어떤 생각이 들었냐 하면, 한 사람이 모든 일을 다 할 수 있는 것이 아니라, 결국 어느 부분밖에 할 수 없다는 것입니다. 다시 말하자면, 나는 전체의 일부에 지나지 않구나라는 생각입니다.

이렇게 개인이 상대화되기 시작했습니다. 전에는 인간이 굉장한 것을 행할 수 있다는 전인과 만능이 강조되었는데, 현대로 들어오면서 점점 분업화 시대에 살다 보니까 사람은 자기를 상대화시키기 시작했습니다. 그래서 세상에는 절대라는 것은 없다는 철학이 힘을 얻게 되었습니다. 그것은 모든 것이 상대일 뿐이라는 상대주의입니다. 예를 들면, 전에는 내가 어느 물건을 바라보는 시각이 맞는다고 생각했는데, 지금은 내가 볼 수 있는 부분은 이것밖에 안 되는구나 생각하게 되었습니다. 물건의 뒷면은 못 보니, 나는 결국 절대적으로 볼 수 없고 상대적으로밖에 못 본다는 것입니다.

이런 생각은 주관주의를 낳았습니다. 어차피 내가 보는 것은 일부밖에 안 된다, 나는 일부만 보고 나머지는 못 본다, 그런 생각을 가지게 되면서 내가 보는 것만 주장해야 한다고 말하게 되었습니다. 내가 보는 것만 주장할 수 있고, 내가 보지 않는 것은 주장할 수 없다는 말이지요. 그래서 주관주의가 나왔어요. 주관주의는 신앙과 관련해서 사람들에게 굉장히 무서운 영향을 끼쳤습니다. 내가 보는 것만 맞으니까 내가 보는 것만 주장해야 한다는 생각은, 내가 보는 부분만 맞으니까 절대적 규범은 없다는 생각으로 이어집니다. 그래서 현대에 들어오면서 사람들은 신이 없다는 결론을 내렸습니다. 신을 본 적이 있냐? 없다. 신을 만진 적이 있냐? 없다. 하나님과 직접 대화한 적이 있냐? 없다. 그러면 보지 못했고, 만지지도 못했고, 대화도 못해 보았는데 어떻게 신이 있다고 할 수 있냐? 그러니까 하나님은 없다. 그래서 주관주의는 하나님은 없다는 결론을 냈습니다.

오늘날 많은 현대인들이 예수를 안 믿는데 전도를 해 보면 이런 현상이 나타납니다. 예수 믿으라고 말하면 예수님을 한번 보여 달라는 답을 듣습니다. 자기의 눈으로 보면 믿겠다는 것입니다. 옛날 사람들은 안 그랬어요. 옛날 사람들은 안 봐도 믿었어요. 왜 그랬을까요? 그때는 이런 주관주의가 강하지 않았기 때문에 안 보이는 것도 믿을 수 있다고 생각했습니다. 그러나 지금은 주관주의가 매우 강합니다. 그래서 기독교 교회도 세상의 주관주의 영향을 받아서 무언가 체험해야만 믿음이 있는 것 같고 체험을 하지 않으면 믿음이 없는 것같이 생각합니다. 그러다 보니 현대 교회는 자꾸 체험을 강조하게 되었어요. 무엇인가 마음속에 뜨거운 감동이 일어나면 하나님이 은혜를 주시는구나 생각합니다. 말씀을 들으면서 눈물이 주르륵 쏟아지면 주님의 은혜가 오는 것 같다고 생각합니다. 무엇인가 체험을 하면 은혜가 있고, 체험을 안 하면 별로 신통치 않게 생각합니다. 목사님들도 점점 성도들의 주관주의와 체험주의를 이기지 못하고 있습니다. 그래서 목사님들도 성도들에게 주관주의의 만족을 주지 않으면 안 되니까 설교가 감동을 주는 쪽으로 흘러갑니다. 설교가 진리를 가르치기보다는 감동을 주는 데 치중합니다. 조금 엉뚱한 이야기를 하더라도 성도들이 마음에 뭉클하면 오늘 우리 목사님이 은혜로운 설교를 했다고 말합니다. 성경을 잘 해석해 주었을지라도 마음이 뭉클하지 않으면 목사님 설교가 시원치 않다고 말합니다.

현대를 살고 있는 모든 사람이 다 그래요. 그러니까 목사님이 성경을 잘 가르치면 성도들이 다 졸아요. 그러나 목사님이 체험과 간증을 가지고 눈물 나는 이야기를 하면 성도들은 가슴이 뭉클해지면서 은혜가 되었다고 말합니다. 여러분이 현대인이기 때문에 그래요. 우리는 현대인의 테두리를 못 벗어나고 있는 것입니다.

교회가 무엇인지 시대로 나누어 살펴보았습니다. 초대 교회는 예수님을 만져 보았고 예수님과 대화를 나누었고 예수님과 함께 밥을 먹고 예수님을 따라 살았던 사도들이 살아 있었고, 그 사도들의 제자들이 살아 있었고, 그 제자들의 제자들이 살아 있었기 때문에 예수님에 대한 설교와 성경 기록을 통해서 교회가 힘을 얻었습니다. 그런데 중세 교회가 되면서 예수님을 경험한 사람들이 다 죽고 나니까 무엇인가 허전해지고 다른 근거가 필요하게 되었습니다. 그래서 중세 교회는 보이는 것을 만들게 되었습니다. 교회 건물과 수도원과 성상과 성직제도를 만들었습니다.

그러나 중세 교회의 노력은 성경에 맞지 않았기 때문에 종교개혁 시대가 되면서 그것을 틀렸다고 부정하고 다시 성경으로 돌아가자고 외치게 되었습니다. 그래서 기록된 성경을 강조하게 되고, 성경을 배우는 신앙교육을 강조하게 되니까, 신앙고백 운동이 일어나게 되었습니다. 그런데 근세에 들어오면서 신앙고백 운동을 자꾸 하다 보니까 머리만 커지는 것 같아서 기도에 열심내야 되는 것은 아닌가 하는 반성과 함께 경건주의 운동이 일어났습니다. 그 이후 산업의 발달과 함께 산업혁명이 일어나서 모든 일이 분업화가 되다 보니 현대인은 자신이 전체의 일부밖에 안 되는구나 생각하게 되었고, 주관주의와 체험주의가 강조되어 오늘날은 교회들이 말씀을 잘 듣는 것보다는 무엇인가 감동되는 것만 추구하고 있다는 것입니다.

이것이 교회에 관한 역사적인 설명입니다. 우리는 역사의 어느 교회로 돌아가야 하겠습니까?

제도로 보는 교회

우리가 교회라는 큰 산을 먼저 초대, 중세, 종교개혁, 근세, 현대라는 역사의 측면에서 보았는데 이번에는 제도라는 측면에서 살펴보겠습니다. 교회를 제도라는 면에서 바라볼 때 여러 가지 생각이 있는데, 그 가운데 가장 중요한 것은 교회의 머리가 누구냐 하는 것입니다. 교회의 머리에 관한 생각이 가장 어려운 문제입니다. 누가 교회를 통치하느냐 하는 교회의 조직 문제입니다. 조직이라는 말은 머리가 있다는 이야기인데 누가 교회의 머리일까요? 이에 대하여 여러 가지 대답이 있습니다.

회중 교회

첫째로 회중이 머리라고 생각하는 교회관입니다. 여기에는 두 가지 생각이 있습니다. 하나는 각 교회는 서로 정치적으로 관여하지 않는 독립체라는 것입니다. 다른 하나는 회중이 정치권을 가지고 있다는 생각입니다. 이런 교회관은 너도나도 모두 다 머리라고 생각합니다. 이런 교회를 가리켜 회중 교회라고 부릅니다. 바꾸어 말하면 이것은 머리가 없는 교회입니다. 회중 교회에서는 목사나 장로가 그저 일하는 사람일 뿐이지 더 이상의 정치권이 없습니다. 회중 교회에서는 모든 성도가 독립적 권위를 가지면서 수평적 관계를 가집니다. 그래서 모임에도 머리가 없어요. 예배를 드려야 하는데 정해진 설교자도 없어요. 그래서 모두 앉아 있다가 어떤 사람이 누구든지 성령의 은혜를 받은 사람이 말씀을 전하세요라고 말해요. 그러면 다른 사람이 제가 말씀을 전해보죠 이런 식입니다. 요즘은 회중 교회도 발달이 되어서 어느 정도 머리가 있지만, 본래 회중 교회라는 제도는 머리가 없기 때문에 성도들마다 상호 독립적이고 교회들마다 상호 독립적입니다. 그러다보니 성도들도 교회들도 서로 관련이 없습니다. 회원에게 모든 권한이 주어져 있기 때문에 은혜를 받은 사람이 설교도 하고 활동도 하고 이렇게 진행됩니다.

그런데 회중 교회에는 몇 가지 위험이 따릅니다. 머리가 없다는 점에서 교회가 금방 망가질 수 있습니다. 바른 교훈이 전승되지 않습니다. 이단의 공격을 받으면 쉽게 넘어가버립니다. 핍박이 일어나면 금방 부서져버립니다. 지금도 교회에 직분이 왜 필요하냐고 묻는 사람들이 있습니다. 교회에 목사, 장로, 집사 이런 직제가 무엇 때문에 필요하냐 말하는 사람들이 있습니다. 이런 사고방식은 회중 교회 사고방식입니다. 이것은 어떻게 보면 굉장히 좋아 보입니다. 모두가 다 똑같은 권위를 가지고 있다고 하니 매우 좋아 보입니다. 모든 결정을 회원들이 내리기 때문에 대단히 민주적인 것처럼 보입니다. 그러나 이런 교회에서는 진리의 바른 가르침이 전승될 수 없고, 이단이 들어와도 막아줄 사람이 없고, 핍박이 오면 견딜 수가 없고, 조직이 없으니까 체계도 없습니다. 그래서 회중이 교회의 머리라는 사상은 머리가 없다는 뜻으로 결국은 교회가 발전될 가능성이 없습니다. 교회에 머리가 없다는 것은 이게 문제입니다.

로마 가톨릭 교회

그런데 어떤 교회는 어떤 개인을 교회의 머리로 생각합니다. 교회에 머리가 있는데 이 머리가 어떤 특정한 개인이라는 것이죠. 이런 교회관을 대표하는 것이 로마 가톨릭 교회입니다. 로마 가톨릭 교회의 머리는 누구냐면 교황입니다. 우리말로 하자면, 교황이란 교회의 황제라는 뜻입니다. 교황은 교회의 황제입니다. 팝(Pope)은 교회의 아버지라는 말입니다. 본래 성경은 교회의 머리가 예수님이시고 교회의 아버지는 하나님이라고 가르치고 있는데, 중세 교회에 일어난 교회 제도인 가톨릭 교회는 교회의 머리가 그리스도가 아니고 교회의 아버지가 하나님이 아니라 사람이 교회의 아버지이고 사람이 교회의 머리라는 것입니다. 그래서 교황이 모든 권세를 가지고 있습니다.

로마 가톨릭은 사도 베드로를 계승한 게 교황이라고 말합니다.

옛날 주님께서 베드로를 수위[1등] 사도로 세웠는데, 교황이 이 베드로를 계승한다는 것입니다. 교황의 역사를 거꾸로 올라가면 맨 처음에 사도 베드로가 있다고 보는 겁니다. 사도 베드로가 교회의 머리였다는 것입니다. 이것은 결국 교회를 책임지는 것이 사람이라는 뜻이 됩니다. 교회는 머리인 교황이 책임진다는 것입니다. 그래서 교황이 그리스도를 대신해서 교회를 책임지는 자가 됩니다. 교황을 교회의 머리로 두려면 어떤 이론을 주장해야 하겠습니까? 교황은 죄가 없다고 주장해야 합니다. 교황 무오설이지요. 그래서 지금도 로마 가톨릭은 교황 무오설을 주장하고 있습니다.

그러면 정말 교황이 무오할까요? 교황은 무오하지 않습니다. 교황도 실수를 합니다. 교황도 몸이 아픕니다. 교황도 정신적 고통을 당합니다. 그래서 현재 바로 앞의 교황은 여러 가지 정신적 압박을 당하면서 솔직하게 부담감을 시인하고 사임했습니다. 이것은 교황도 오류가 있다는 말이죠. 그러나 로마 가톨릭은 교황제도를 유지해야 하기 때문에 계속해서 교황은 오류가 없다고 주장합니다. 앞의 교황이 은퇴함으로써 오류가 있다는 것을 보여 주었는데도 말입니다. 만일 정말 교황이 오류가 없다면 정신과 신체에 문제가 없어야 하는데 그렇지 않단 말입니다. 그러니까 로마 가톨릭의 교황제도는 성경과 양심에 비추어 보면 맞다고 볼 수 없습니다.

감독 교회

어떤 사람들은 한 사람이 머리가 되니까 문제가 생긴다고 생각해서 여러 사람을 머리로 만들었습니다. 그것은 감독제도라는 것입니다. 오늘날 감리교회의 제도예요. 감리교의 시작점에 감독 교회가 있습니다. 감독 교회는 교황이 혼자서 교회의 머리 역할을 하니 문제가 생기기 때문에 여러 사람을 세우면 덜 문제가 되지 않겠냐고 생각해서 나온 것입니다. 그래서 감독들에게 사도의 권위를 이양해서 감독들이 교회를 지켜 나가도록 합니다. 하지만 그것도 역시 문제입니다. 사람이 머리이면 교황제도나 감독제도나 문제는 마찬가지입니다. 단지 교황이 혼자면 혼자 문제가 생기고, 감독이 여러 명이면 단체로 문제가 생긴다는 차이점만 있습니다. 생각해 보세요. 머리가 하나여도 복잡한데, 머리가 여럿이면 얼마나 더 복잡하겠습니까? 결국 감독제도는 한 사람이 머리일 때 문제가 생기는 것을 방지하기 위해서 여러 사람을 세웠더니 더 문제가 생긴 겁니다. 사람이 교회의 머리가 되면 안 된다는 교훈을 우리에게 주는 겁니다.

국가 교회

그래서 어떤 사람들은 회중 교회처럼 머리가 없어도 문제이고, 로마 가톨릭이나 감독 교회처럼 머리가 사람이 되도 문제이니, 차라리 사람이 아니라 국가를 교회의 머리로 세우자는 의견을 냈습니다. 국가는 더 거대한 조직이고, 국가에는 학식이 있는 전문가들과 정치하는 전문가들이 모여 있으니까, 국가를 머리로 세우면 교회에 덜 문제가 생기지 않겠냐는 생각입니다. 그래서 오래 전 에라스티안 파는 국가를 교회의 머리로 세우는 것이 좋겠다고 생각했습니다. 이런 주장에서는 국가 자체가 교회의 머리이기 때문에 교회의 직분자를 세울 때도 국가가 세웁니다. 그리고 교회를 치리하는 것도 국가입니다. 하지만 국가는 안전할까요? 국가도 안전하지 않죠? 우리는 역사상에 국가가 타락한 경우들을 수없이 많이 보고 있습니다. 정부 자체가 부패한 경우가 많습니다. 따라서 정부나 국가도 역시 교회의 머리가 될 수 없는 것입니다.

그런데 영국에서 시작된 성공회는 비인격체인 국가보다는 인격체인 국왕을 교회의 머리로 생각합니다. 국왕은 왕의 혈통을 가지고 태어나 정치를 배워 나라를 다스리니 마찬가지로 교회도 잘 다스리지 않겠느냐는 생각입니다. 그래서 성공회는 국왕을 교회의 머리로 두고 있습니다. 그러면 국왕은 안전할까요? 통치자가 항상 순한 마음 착한 마음만 가지고 있는 것은 아닙니다. 하나님의 뜻에서 심히 벗어난 악한 통치자들이 적지 않아요. 따라서 국왕이나 통치자가 교회의 머리가 되면 큰 문제가 발생합니다.

개혁 교회

그러면 성경대로 하자면 교회의 머리는 누가 되어야 합니까? 개혁 교회는 예수님이 교회의 머리라고 가르칩니다. 첫째로 종교 개혁자들은 성경을 연구하면서 교회에 머리가 없으면 안 된다는 것을 알았어요. 그래서 회중 교회를 배격했습니다. 둘째로 그들은 사람이나 국가가 교회의 머리가 되어서도 안 된다는 것을 알았기 때문에 로마 가톨릭과 에라스티안 파를 배격했습니다. 오직 예수님만 교회의 머리가 되어야 한다는 것이지요. 성도들이 머리가 되시는 예수님께 붙어있어야, 예수님으로부터 성령의 말씀과 은혜를 받으면서 교회가 형성되기 때문입니다. 따라서 교회는 머리이신 예수님께 붙어있을 때 평안합니다. 교회가 가장 평안하려면 머리이신 예수님께로 돌아가야 합니다. 그분의 말씀으로 돌아가야 합니다. 다시 종교개혁인 셈입니다. 목사도 성도도 예수님의 말씀으로 돌아가서 부지런히 성경을 가르치고 배워야 한다는 것입니다. 성경을 배우는 중에 예수님이 우리에게 무슨 뜻을 가지고 있는가를 알게 됩니다.

예수님이 머리이신 교회가 진정한 교회입니다. 우리가 아무리 편하다고 해도 우리 뜻대로 교회는 갈 수 없습니다. 왜냐하면 우리가 머리가 아니고 예수님이 머리이기 때문입니다. 예수님께서 사람이 떡으로만 사는 것이 아니라 하나님의 입으로 나오는 모든 말씀으로 살 것이라 했기 때문에 성경을 읽지 않으면 안 되는 겁니다. 우리가 회의를 통해 주님의 뜻을 결정할 수 없습니다. 예를 들면 이런 것입니다. 현대에는 신자들 가운데 주일을 지키지 못하는 직업을 가진 사람이 많습니다. 그래서 성도들이 주일 아닌 다른 날을 예배일로 만들기 위해서 회의를 통해 결의할 수 있을까요? 없습니다. 주일에 하나님 앞에 예배를 드리는데 이것을 우리가 회의해서 바꿀 수가 없습니다. 왜냐하면 그것은 주님의 뜻이 아니기 때문입니다. 교회의 머리는 예수님입니다. 그래서 교회의 일을 우리의 뜻으로 행하는 것이 아니라 머리이신 예수님의 뜻으로 행해야 합니다.

정리를 해봅시다. 교회를 조직이라는 시각에서 보면 머리 문제가 생기는데, 어떤 사람들은 교회에 머리가 필요 없다고 말하면서 회중을 머리처럼 여깁니다(회중 교회). 어떤 사람들은 사람을 교회의 머리로 생각해서, 한 사람을 머리로 삼거나(로마 가톨릭) 여러 사람을 머리로 삼습니다(감독 교회). 어떤 사람들은 인간에게는 오류가 많기 때문에 사람 대신 국가와 정부를 머리로 세우자고 합니다(국가 교회). 여기에는 국왕을 교회의 머리로 생각하는 견해도 포함됩니다(성공회). 그러나 개혁 교회는 교회의 머리는 오직 예수님이라고 말합니다. 그래서 우리가 아무리 회의를 해서 우리에게 좋고 편한 것을 결정한다 해도 그에 대해 주님이 아니라고 하면 아닌 것입니다. 반대로 우리가 아무리 싫어해도 주님이 맞다 하시면 해야 되는 것입니다. 왜냐하면 교회의 머리는 예수님이기 때문입니다.

사람은 교회의 머리가 아닙니다. 따라서 우리 가운데 누구든지 교회에서 머리가 되어야겠다고 생각하면, 그 순간 그 사람은 마귀가 되는 겁니다. 공부를 제일 많이 했고 돈이 제일 많고 사회 신분이 제일 높으니 교회에서 머리 노릇을 해 보아야겠다 하는 순간 그 사람은 마귀가 되는 겁니다. 머리이신 예수님을 잘라내고 자신이 머리가 되는 무서운 행위입니다. 교회에서는 사람이 머리가 되는 것이 아니라 늘 낮아지고 겸손해야 합니다.

신학으로 보는 교회

교회를 조직이라는 시각에서 보면 누가 머리이냐 하는 문제가 중요하다고 했습니다. 교회의 머리는 회중도 교황도 감독단도 국가도 왕도 아니라 예수 그리스도라고 했습니다. 그러면 이번에는 신학으로 교회가 무엇인지 생각해 보겠습니다. 신학적으로 보면 두 가지 교회가 있습니다. 땅에 있는 교회(지상 교회)와 하늘에 있는 교회(천상 교회)입니다.

천상 교회

먼저 하늘에 있는 교회란 무엇인지 간단히 살펴보지요. 그것은 승리한 교회입니다. 이미 예수를 믿고 이 세상에 살다가 하나님의 나라로 간 사람들로 이루어진 교회, 또는 우리 주님께서 재림하실 마지막 날에 이루어질 교회입니다. 따라서 천상 교회는 마귀가 도전할 수 없고, 이길 수가 없습니다. 천상 교회는 승리한 교회이며, 완전한 교회입니다.

지상 교회

그런데 하늘에 있는 교회가 되기까지 교회는 아직 땅에 있습니다. 땅위에 있는 모든 교회는 지상 교회라고 불러요. 천상에 있는 교회는 이미 승리한 교회입니다. 승리한 교회는 전투가 끝나 더 이상 마귀나 악의 세력이 침투할 수 없는 교회입니다. 천상 교회는 이미 하나님의 나라에 가 있는 성도들로 이루어진 교회이며, 주님이 오실 때 우리가 다 같이 들어가게 될 승리의 교회입니다. 바로 이 승리의 교회에 들어가기 전까지 땅위에 있는 교회는 전투를 합니다. 그래서 땅에 있는 교회를 가리켜 전투하는 교회라 부릅니다. 땅에 있는 교회는 아직 악과 싸워야 합니다. 마귀가 이 교회를 넘어뜨리기 위해서 공격을 해 옵니다. 거짓된 선지자, 거짓 그리스도, 이단 사이비들이 교회를 넘어뜨리기 위해서 침투해 들어옵니다. 이때 교회는 싸워야 하며, 물리쳐야 합니다.

지상 교회는 전투하다 보니 우리가 가진 복음을 세상 사람들에게 전합니다. 전하다 보니까 싸워요. 지상 교회는 세상 사람들, 세상 문화, 세상 풍조와 싸워야 해요. 그래서 이 땅에 있는 교회는 한편으로는 방어하기 위해서 싸우고, 한편으로는 복음을 전하기 위해서 싸워야 해요. 그러니까 지상 교회는 땅에 있는 동안 치열한 싸움을 하는 겁니다. 그냥 우리끼리 모여서 재미있게 신앙 생활하는 것이 아니라, 혹시 거짓된 이단들이 오지 않을까 늘 싸우는 마음으로 방어 태세를 갖추며, 복음을 가지고 세상에 나가서 전도하고 선교하면서 저쪽에 있는 믿지 않는 악한 세력과 악한 종교들과 싸우며 쳐들어가서 문을 열어야 합니다. 따라서 지상 교회는 두 가지 면에서 싸움을 하는 겁니다. 방어를 위해서 싸워야 하고 공격을 위해서 싸워야 합니다. 치열하게 싸워야 합니다.

그런데 지상 교회는 두 가지로 나누어집니다. 하나는 보이지 않는 교회가 있고(보편 교회), 다른 하나는 보이는 교회(지역 교회)가 있습니다.

보편 교회: 보이지 않는 교회

보이지 않는 교회는 보편 교회라고 부르는데, 사실은 천상 교회도 포함하면서 지상 교회의 시간적 그리고 공간적 전체라고 말할 수 있습니다. 우리는 사도신경에서 먼저 보편 교회를 고백합니다. 보이지 않는 교회는 모든 교회를 다 합해 놓은 교회입니다. 우리는 다 보편 교회에 속해 있습니다. 우리는 보편 교회에 속해 있기 때문에 옆 동네에 있는 교회에 문제가 생기면 적극적으로 도와줍니다. 예수님을 머리로 하는 보편 교회에 속한 우리는 한 하나님을 믿고, 한 성경을 믿습니다. 이단은 보편 교회에 속하지 않습니다.

옛날 사도 바울은 전도 여행을 하는 중에 예루살렘 교회에 흉년이 들어서 굉장히 어렵다는 이야기를 듣습니다. 그래서 사도 바울은 고린도에 가서도, 마게도냐에 가서도 예루살렘 교회의 어려움을 얘기하고 도와야 한다고 조언했습니다. 왜냐하면 모든 교회가 다 보편 교회에 속해 있기 때문입니다. 우리는 보편 교회에 속해 있기 때문에 우리 교회는 잘되기를 바라지만, 다른 교회는 어떻게 돼도 괜찮다고 생각하면 안 됩니다. 이것은 마치 내 몸에서 오른손은 힘이 좋은데 왼손은 말라 죽어도 괜찮다 하는 것과 같습니다. 그럴 수 없습니다.

보편 교회는 시간적으로는 아담 때부터 예수님이 오실 때까지 모든 교회를 포함하며, 공간적으로는 동서남북에 있는 모든 교회를 포함합니다. 그래서 보편 교회는 눈에 보이지가 않습니다. 그러나 우리는 보편 교회로서 서로 사랑해야 합니다. 그래서 연합 모임과 연합 사업에도 열심히 참석해야 하고, 연약한 교회를 볼 때 도와주어야 하고, 잘되는 교회를 볼 때 배워야 합니다.

지역 교회: 보이는 교회

그런데 모든 교회는 보편 교회에 속하면서 동시에 지역 교회입니다. 성도들은 지역 교회에서 신앙생활을 해야 합니다. 보편 교회에 속해 있기에 지역 교회에 속해야 합니다. 지역 교회에 속해 있지 않으면서 보편 교회에 속할 수가 없습니다. 어떤 사람은 말하기를 지역 교회에는 문제가 너무 많기 때문에 가지 않고 산에 올라가서 혼자 방송을 통해 예배를 드린다고 합니다. 이런 사람은 자신이 보편 교회는 속해 있다고 말하면서 지역 교회에는 속하지 않는 경우입니다. 하지만 엄격히 말해서, 지역 교회에 속해 있지 않으면 보편 교회에 속해 있다고 볼 수가 없습니다. 이것은 아주 중요한 이야기입니다.

그러니까 보편 교회에 속해 있는 성도들은 반드시 지역 교회에 속해 있어야 합니다. 지역 교회에 속해서 첫째는 목자로부터 말씀을 들어야 하고, 둘째는 성도들과 교제를 나누어야 합니다. 그리고 지역 교회에서 신앙을 통제받아야 합니다. 혼자 산에 올라가서 예배드리면 신앙을 통제해 줄 사람이 없습니다. 그러면 혼자 신앙 생활하다가 잘못된 길로 갑니다. 그러니까 지역 교회에 속해서 세례도 받아야 하고 성찬도 해야 하고 봉사도 해야 하고 헌금도 해야 하고 거기서 유기체를 만들어서 신앙 생활하는 것이 맞다는 이야기입니다. 우리는 지역 교회에 열심히 다녀야 합니다. 지역 교회에 잘 속해 있어야 합니다. 지역 교회에 속해 있다고 하면서 봉사를 하지 않으면 안 됩니다. 무엇이든지 해야 합니다. 그렇지 않으면 죽은 지체가 되고 맙니다.

그런데 지역 교회는 다시 둘로 나누어집니다. 유기체 교회와 조직체 교회입니다.

유기체 교회

유기체 교회라는 것은 몇 가지 뜻을 가집니다. 첫째로, 지역 교회에 들어와 있으면서 자연스럽게 성도들하고 교제를 나누는 것을 가리킵니다. 예배드리는 그 자체가 교제입니다. 그래서 지역 교회에 속해서 주일날 예배에 참석하여 성도들과 함께 앉아있으면 그 자체가 교제를 이루는 겁니다. 지역 교회에 속하지 않아서 교회에 안 나오면 예배를 드리지 못하니까 교제가 안 되는 것이지요. 굉장히 큰 문제가 생깁니다.

둘째로, 지역 교회에 속해 있으면 그 자체가 그 지역 교회가 가지고 있는 신앙고백을 받는다는 표시를 보이는 것이 됩니다. 여러분은 지역 교회가 믿는 예수님을 믿는 겁니다. 지역 교회에 나와 있는 것 자체가 신앙고백이라는 뜻입니다. 지역 교회에 안 나오면 신앙고백을 안 하는 겁니다. 지역 교회에 다니면 가족들에게도 신앙을 보여주는 겁니다. 직장 동료가 우리에게 종교가 있느냐고 물어 기독교인인 것을 알면 어느 교회에 다니느냐고 묻습니다. 그때 어느 지역 교회에 다닌다고 대답을 하는 것은 그 지역 교회가 믿는 신앙을 가지고 있다는 것을 고백하는 겁니다. 그러니까 지역 교회에 속해 있는 그 자체가 신앙고백을 말하는 것입니다.

셋째로, 지역 교회에 다니는 것은 영적 저항을 하는 겁니다. 어느 지역 교회에 속해 있기 때문에 그 지역 교회가 가지고 있는 신앙정신과 다른 것은 따라가지 않는다는 입장을 보이는 겁니다. 한 지역 교회에 속함으로써 세상에서 사기 치는 것, 도둑질하는 것, 음행하는 것, 사람을 죽이는 것, 그런 것들을 따르지 않겠다는 결심을 보이는 것입니다. 지역 교회가 가르치는 것을 따라가면서 그런 더러운 일들을 행하는 것에 영적인 저항을 벌이는 것입니다. 유기체적인 교회란 지역 교회에 속하여 이런 교제와 고백과 저항을 이루는 것을 가리킵니다.

조직체 교회

그런데 유기체적인 교회에 들어온 사람은 어느 시간대가 되면 자연스럽게 조직에 가담하게 됩니다. 예를 들어 성가대를 하고, 주일 학교 교사를 하고, 차량 봉사와 주방 봉사를 하고, 직분을 받기도 합니다. 지역 교회의 조직에 들어오게 됩니다. 그래서 유기체 교회에 속한 성도는 어느 정도 시간이 지나면 자연스럽게 조직에 가담해서 직분을 갖게 됩니다. 그러니까 교회에 들어와서 시간이 많이 지났는데도 직분을 안 가지는 것은 문제입니다. 그러니까 어느 교회 다니는데 직분을 안 가지니까 편하고 좋다고 말할 수가 없어요. 그것은 편하고 좋은 것이 아니라 아무것도 할 줄 모르는 능력이 없다는 뜻입니다.

유기체 교회에 들어온 성도는 반드시 조직체 교회에서 무엇인가 직분을 받아서 일을 합니다. 직분을 가지고 주일 학교나 성가대에서 다양한 직분으로 섬깁니다. 어떤 사람은 장로가 되어 교회에 악한 세력이 들어오지 못하도록 막는 권징과 치리를 하고, 젊은이들 가운데는 말씀 사역자가 되겠다 해서 목사나 선교사가 되기도 하는 것입니다. 그래서 조직체 교회에 들어오면 하나님의 말씀을 섬기고 성례를 섬기고 교회를 섬기는 일을 하게 된다는 것입니다.

이렇게 교회를 신학적으로 살펴보면 천상 교회(승리한 교회)와 지상 교회(전투하는 교회)로 나누게 되고, 지상 교회는 다시 보편 교회(보이지 않는 교회)와 보이는 교회(지역 교회)로 나누게 되고, 지역 교회는 다시 유기체 교회와 조직체 교회로 나누게 됩니다.

활동으로 보는 교회

이제 마지막으로 우리가 알고 싶은 것은 교회는 도대체 무엇을 하느냐 하는 문제입니다. 교회는 세 가지 일을 합니다. 첫째로 교회는 하나님과 관련된 일을 합니다. 둘째로 교회는 성도 서로 간에 관계를 이루어갑니다. 셋째로 교회는 밖으로 세상과 관련된 일을 합니다. 사도 바울이 이곳저곳에서 믿음, 소망, 사랑이라는 트라이앵글에 관해서 자주 말하는데 바로 거기에 이 세 가지 관련성이 들어있습니다.

하나님과의 관계

교회가 하는 가장 중요한 일은 삼위일체 하나님과 관계를 맺는 것입니다. 교회는 삼위일체 하나님과 늘 관계를 맺고 있어야 합니다. 교회는 하나님과 수직적인 관계를 잘 맺어야 합니다. 이것은 믿음의 관계입니다. 하나님과 관계를 잘 맺는다는 것은 수직적인 관계인데 하나님에 대한 믿음을 고백하는 것을 의미합니다. 교회가 하나님과 관계를 맺을 때 믿음을 고백하는 방식이 뭐냐면 예배입니다. 교회가 구제도 하고 장학도 하고 바자회도 하고 단기 선교도 가고 다 하는데 예배를 안 드리면 큰 문제가 일어납니다. 교회가 하나님과의 관계에 있어서 가장 중요한 것은 하나님께 예배를 하는 것입니다.

기독교 예배는 세상에 있는 다른 종교들과 비교해 볼 때 성격에서 크게 차이가 납니다. 예를 들어 미신이건 고급 종교이건 예배를 한다고 하면 주로 제사를 드리는 일에 치중합니다. 미신은 초 한 자루를 켜고 맑은 물을 떠다 놓고 비나이다 비나이다 합니다. 촛불 하나를 켜고 맹물을 드리는 일을 합니다. 어떤 종교는 공을 드려요. 절을 삼천 번이나 해서 허리가 끊어지고 관절이 닳는 힘든 일을 합니다. 세상의 종교들은 드리는 것을 예배라 합니다.

하지만 기독교의 예배는 그것과 다릅니다. 기독교의 예배는 두 가지 요소를 가집니다. 하나는 드리는 것이고, 다른 하나는 받는 것입니다. 우리는 하나님께 예배하면서 영혼을 드리고, 삶을 드리고, 찬송과 기도를 드리고, 예물을 드립니다. 기독교 예배에도 드림이 있습니다. 그런데 기독교 예배에서 가장 큰 특징은 드리기만 하는 것이 아니라 받는다는 데 있습니다. 기독교 예배는 하나님으로부터 말씀을 받습니다. 이것이 기독교를 일반 종교들과 비교할 때 가장 다른 점입니다. 일반 종교는 맹물을 드리거나 불공을 드리지만, 기독교는 하나님께 드리기만 하지 않고 하나님께 받기도 합니다. 예배 시간이 한 시간이면 설교 시간은 절반이 넘어요. 나머지는 다 합해도 설교 시간보다 짧은 경우가 많습니다. 그러니 기독교 예배의 특징이 뭐냐면 하나님께 드리는 것과 그보다 많이 하나님께 받는다는 것입니다. 그래서 기독교에서는 예배라는 개념이 세상 종교하고 달라요. 신자는 예배 시간에 하나님의 말씀을 잘 듣고 하나님이 무엇을 요구하는지 배워서 그 말씀을 가지고 세상에 나가 규범을 세우고 잘못된 것을 구별하고 옳은 것을 따라가는 용단을 내립니다. 예배 시간에 듣는 말씀이 그것을 가능하게 합니다.

기독교 예배의 특징은 드리는 것뿐 아니라 받는 것입니다. 말씀을 듣는 시간이 많은 겁니다. 불행하게도 오늘날의 기독교 예배는 약해졌습니다. 예배 시간이 점점 짧아지고 있다는 겁니다. 이것은 타락입니다. 종교개혁 시대에는 예배를 몇 시간씩이나 드렸어요. 설교가 매우 길었어요. 그래도 성도들이 집중해서 들었습니다. 하지만 요즘은 설교 시간이 30분만 넘어가면 벌써 입이 나오고 성경책을 덮습니다. 설교자가 설교하느라 집중해서 성도의 불만스러운 표정을 눈치 채지 못하면 옆 사람과 수군수군 이야기도 나누고 아예 옷을 입고 가버립니다. 이것은 아주 나쁜 겁니다. 또한 오늘날 현대 교회의 신자들은 모든 일에 주관적인 재미를 강조하다 보니까 말씀에서도 재미를 찾아요. 그래서 감동을 주는 행동이나 눈물을 흘리게 만드는 간증이 없으면 설교 듣는 일에 집중하지 않아요. 이것도 아주 나쁜 것입니다.

기독교의 예배는 하나님과의 관계 속에서 드림과 받음이 있습니다. 특히 성도들이 하나님께 말씀을 받아야 하기 때문에 기독교의 교회는 반드시 목사를 세웁니다. 하나님의 말씀을 전하는 사람을 세웁니다. 성경이 굉장히 복잡하기 때문에 성경을 잘못 해석하면 성도를 고스란히 멸망에 빠뜨리는 게 됩니다(벧후 3:16). 그래서 성도들에게 바른 말씀을 전하려니까 목사가 필요하고, 목사가 되기 위해서 신학교 교육이 필요한 겁니다. 이런 의미에서 교회는 신학교를 잘 도와야 합니다. 그래야 좋은 목사를 배출하거든요. 좋은 목사가 있어야 교인들에게 말씀을 가르쳐서 예배가 살아난다는 겁니다. 이것이 논리적 귀결입니다. 그러니까 결국 교회는 성경을 잘 배워야 합니다. 정리해보면 이렇습니다. 교회가 제대로 되려면 하나님과의 관계가 명확해야 합니다. 하나님과의 관계는 예배입니다. 예배에서 말씀을 받는 것이 중요합니다. 말씀은 목사가 전하기 때문에 좋은 목사를 기르기 위해서 투자를 해야 합니다. 그러므로 신학교를 돕는 일은 정말 중요하단 말입니다.

오늘날 기독교 교회의 혼란함은 목사님들을 제대로 교육 안 했기 때문에 일어나는 것입니다. 신학교 다닐 때부터 죽음을 각오하고, 죽도록 충성하라는 지사충성의 충성을 배워야 하는데 그렇지 못해서 이런 어처구니없는 일들이 일어나는 것입니다. 교회가 오늘날 왜 이렇게 어지럽냐면 목사 때문인데 목사가 목회를 통해서 사심을 갖기 때문입니다. 목사가 목회를 가지고 무엇인가 얻으려고 하면 그때부터 망가지는 겁니다. 목사는 모름지기 사심을 갖지 말고 일해야 합니다.

하나님께 바른 예배를 드리기 위해서 교회는 진리를 가르쳐야 합니다. 사도 바울이 디모데에게 한 말입니다.

> "내가 속히 네게 가기를 바라나 이것을 네게 쓰는 것은 만일 내가 지체하면 너로 하여금 하나님의 집에서 어떻게 행하여야 할지를 알게 하려 함이니 이 집은 살아 계신 하나님의 교회요 진리의 기둥과 터니라"(딤전 3:14-15).

사도 바울은 교회를 하나님과의 관계 속에서 설명하면서 교회가 무엇을 하는지 정확하게 말하고 있습니다. 교회가 진리를 세우는 기둥이며, 교회가 진리를 바치는 터라고 했습니다. 교회가 없으면 진리가 없어지는 겁니다. 왜 우리가 교회를 지켜야 하고 교회를 살려야 하냐면, 교회가 있어야만 진리가 기둥으로 우뚝 서게 되고 교회가 있어야만 진리가 터전을 확보할 수 있기 때문입니다. 교회가 아무리 다른 것을 잘해도 교회가 진리를 안 가르치면 그것은 하나님의 교회라고 볼 수 없습니다. 그러니까 진리가 있기 때문에 구제도 하고, 진리가 있기 때문에 장학도 하는 것이지, 진리는 빼놓고 그런 것들만 하면 그것은 교회가 아니라는 말입니다. 교회의 본질은 진리를 말하고 진리를 가르치는 데 있습니다. 살아계신 하나님의 교회는 진리의 기둥과 터입니다.

성도와의 관계

교회는 삼위일체 하나님과 관계 맺을 뿐 아니라 동시에 성도들과 관계를 맺습니다. 교회는 하나님과 수직적인 관계를 유지할 뿐 아니라 성도들끼리 수평적으로 관계를 잘해야 합니다. 성도들과 성도들 사이에, 신자들과 신자들 사이에 관계가 안 맺어지면 교회가 불안해집니다. 이것은 사랑의 문제입니다. 교회는 사랑의 공동체입니다. 교회가 하나님과의 관계 속에서는 믿음을 표현하는 예배 공동체라면, 성도들과의 관계 속에서는 사랑을 표현하는 교제 공동체입니다.

이것은 교회가 그리스도의 몸이라는 사실에서 잘 드러납니다. 예수님이 교회의 머리라면 교회는 예수님의 몸입니다. 예수님의 몸인 교회에서 성도들은 지체가 되는 것입니다. 지체는 손, 발, 귀, 이런 것들을 말합니다. 사도 바울은 고린도전서 12장에서 그리스도의 몸인 교회에 관해서 자세히 설명하면서 지체에는 높낮이가 없다고 가르칩니다. 예를 들어 손은 위에 있고 발은 밑에 있으니까, 손은 상관이고 발은 졸병이 아니란 말입니다. 눈이 위에 있고 입이 밑에 있으니까, 눈은 높은 신분이고 입은 낮은 신분이 아니란 말입니다. 모든 지체는 다 똑같은 가치를 지닙니다. 지체들은 기능이 다를 뿐이지 가치는 동일합니다. 눈을 감고 있어 보세요. 얼마나 귀찮은지 몰라요. 귀 막고 있어 보세요. 얼마나 불편한지 몰라요. 입을 닫고 있어 보세요. 얼마나 답답한지 몰라요. 우리 몸의 모든 지체는 기능이 각각 다를 뿐이지 똑같이 귀중합니다. 우리의 지체들 가운데 어느 하나 안 필요한 부분이 없습니다. 하나님이 손가락을 양손에 다섯 개씩 주는데 그 중에 다섯 손가락 다 필요한 겁니다. 마찬가지로 교회의 성도들은 모두 귀중합니다. 잘 살건 못 살건, 남자건 여자건, 키가 크건 키가 작건, 아무런 상관이 없습니다. 교회에 들어오면 모든 성도가 다 귀중합니다. 우리 주님께서는 성도 한 명 한 명을 잃어버린 양 한 마리 찾으신 것처럼 그렇게 기뻐하신다는 겁니다.

그러므로 모든 성도는 교회에서 자존감을 가져야 합니다. 나는 하나님이 보실 때 귀중한 성도라는 겁니다. 나는 나대로 가치가 있는 성도라는 겁니다. 지금 당장은 큰일을 하고 있지 않지만, 내가 이 자리에 앉아 있는 것만으로 가치가 있습니다. 이것을 스페어타이어의 법칙이라고 부릅니다. 요즘은 자동차 타고 다니다 펑크가

나면 응급 전화를 해서 곧바로 처리를 합니다. 우리나라에서는 응급 조치가 얼마나 신속한지 어디에 있든지 대략 15분 안에 기술자가 달려옵니다. 하지만 오래 전에 아직 서비스 체계가 갖추어지지 않았을 때는 만약을 대비해서 항상 자동차 트렁크에 스페어타이어를 싣고 다녔습니다. 보통 때는 혼자 차를 타고 다니지만, 휴가철이 되면 온 가족이 한 차에 타고, 온갖 짐을 가득 싣고 여행을 떠나요. 그런데 때때로 자동차가 평소보다 무거운 무게를 이기지 못해 펑크가 납니다. 바로 그럴 때 스페어타이어를 꺼내 갈아 끼워야 하죠. 그런데 하필이면 짐이 너무 많아서 스페어타이어를 빼놓고 다른 짐을 실었어요. 설마 고장이 날까 생각한 것이겠죠. 평소에 사용하지 않는다고 해서 불필요한 것이 아니란 말입니다. 이것이 스페어타이어의 법칙입니다.

어떤 성도들은 교회 와서 아무 일도 안 하는 것 같습니다. 하지만 평소에 아무것도 안 한다고 해서 무시하지 마세요. 그분이 바로 스페어타이어일 수 있습니다. 그 사람이 언젠가는 기능을 발휘할 때가 옵니다. 그래서 모든 성도는 다 가치가 있습니다. 단지 지금 당장 사용되지 않을 뿐입니다. 지금은 두각이 안 드러나는 것처럼 보이지만 그런 사람을 존중히 여겨주라는 것입니다. 사도 바울이 고린도전서에서 이렇게 말했습니다. “더 약하게 보이는 몸의 지체가 도리어 요긴하고”(고전 12:22). 더 약해 보이는 부분이 더 유용할 수 있다는 것입니다.

성경은 교회를 가리켜 사랑의 공동체라고 부릅니다. 성도들은 서로 권면해 주고 서로 돕고 서로 존중하고 서로 높여주어야 합니다. 성도들은 서로 다른 기능을 하고 있기 때문에, 자기가 하는 역할을 열심히 하고, 다른 사람이 하는 역할을 알아주라는 것입니다. 성도는 각기 다양한 역할을 합니다. 성도들에게 모두 한 가지 역할만 하라고 하면 안 됩니다. 모든 성도들이 다 성가대를 하면, 누가 찬양을 듣나요? 모든 성도들이 다 가르치기만 하면, 누가 배우나요? 가르치는 사람이 있으면 배우는 사람이 있고, 찬양하는 사람이 있으면 듣는 사람이 있는 겁니다. 각기 활동이 달라요. 교회가 사랑의 공동체가 될 때 모든 성도들은 각자의 재능과 은사를 알맞게 사용해서 교회가 원활하게 움직이는 것입니다.

세상과의 관계

마지막으로 교회는 세상과 관계를 맺습니다. 교회는 하나님과 성도들에 대한 관계뿐 아니라 교회 밖과도 관계를 잘 맺어야 합니다. 교회는 하나님과 수직적인 믿음의 관계에 있고, 성도들 사이에는 사랑의 공동체로서 수평적 관계를 가지는데, 이와 더불어 중요한 것은 교회 밖에 있는 세상과도 어떤 관계를 갖는다는 것입니다. 이것은 소망의 관계입니다.

교회는 세상에 대해서 적극적인 관계를 갖는데, 그것을 가리켜 빛과 소금의 역할을 감당하는 것이라고 합니다. 예수님께서 신자들을 가리켜 세상의 소금이다, 세상의 빛이다(마 5:13–14) 말씀했을 때, 교회는 세상과 분리되어 있는 것이 아니란 뜻입니다. 예수님이 만일 교회를 세상과 분리된 존재로 생각했다면, 너희는 세상없는 소금이고 세상없는 빛이라고 했을 것입니다. 그러나 예수님께서 교회를 세상의 소금이며 세상의 빛이라고 부르는 것은 교회가 세상과 늘 밀접한 관계를 맺어야 한다는 것을 알려줍니다.

이것은 교회가 세상에 들어가서 우리가 믿고 있는 신앙을 보여주라는 겁니다. 세상 사람들에게 예수님을 믿는 사람들은 저렇게 사는구나 알려주라는 겁니다. 예수님을 믿는 사람들은 성품이 곱구나, 예수님을 믿는 사람들은 바른 말을 쓰는구나, 예수님을 믿는 사람들은 모든 게 건전하구나, 이렇게 나타내라는 겁니다. 세상 사람들이 교회를 보고 감동을 받게 하라는 것입니다. 빛과 소금의 역할을 해서 세상에 영향을 주라 이 말입니다.

그러므로 교회는 세상으로 가는 것을 두려워하면 안 됩니다. 베드로와 야고보와 요한이 예수님을 따라 변화 산에 올라갔을 때, 모세와 엘리야가 등장하고 예수님의 용모가 바뀌니까, 베드로가 예수님께 거기에 천막 셋을 짓자고 말하자 예수님은 한마디도 대꾸를 안 하시고 제자들을 모두 데리고 내려오셨습니다. 변화의 산에서 은혜만 받고 있을 것이 아니라, 문제의 세상으로 가서 일을 해야 한다는 뜻입니다. 어떤 성도님들은 교회만 오고 세상으로는 안 갑니다. 그리고는 주님께 교회가 좋습니다, 세상은 싫습니다라고 말합니다. 물론 교회가 좋아야죠. 그러나 교회가 좋은 만큼 교회에서 배운 것을 가지고 가정에 직장에 친구들에게 가야 합니다. 신자들은 계모임에도 가고, 동창 모임에도 가고, 여행도 가고, 미장원에도 가서 사람들을 만나 소금과 빛의 모습을 보여주어야 하는데 세상으로 가는 것을 거절하고 교회에만 나오는 것은 옳지 않습니다. 신자가 교회만 나오면 그것은 세상의 빛이 아니라 교회의 빛입니다. 그러나 주님은 교회의 빛이라고 하지 않고 세상의 빛이라고 하셨어요. 세상에 가서 보여주라는 겁니다.

교회는 세상 사람들에게 천국을 보여주는 천국의 모델하우스 같다는 겁니다. 아파트를 분양할 때 견본 주택을 보잖아요. 모델하우스에 가서 집이 마음에 들면 선택합니다. 똑같아요. 교회는 천국의 견본 주택이기 때문에 천국을 알지 못하는 세상 사람들이 교회를 보고 천국을 선택하는 겁니다. 교회의 성도들이 빛과 소금으로 역할을 해서 세상 사람들에게 천국은 이런 것이라 보여주어야 합니다. 이때 세상 사람들이 소망을 가집니다. 세상 사람들이 우리도 천국에 들어갈 수 있겠구나 생각합니다. 그래서 교회는 하나님에 대해서는 믿음의 공동체이며, 신자 서로 간에는 사랑의 공동체이며, 세상 사람에게는 천국을 보여주는 소망의 공동체입니다. 교회만이 세상의 소망입니다.

우리는 믿음 생활을 잘해서 하나님과 분명한 관계를 고백하며, 서로 사랑하는 마음을 가지고 성도들과 건강한 관계를 형성하며,

세상에 나가서 진정한 소망이 무엇인지 보여주어야 합니다. 우리를 보고 세상 사람들이 감동을 받고 교회에 가야겠구나, 천국에 가야겠구나, 소망을 갖는 겁니다. 그래서 교회는 세상으로 가야 합니다. 세상에 나가서 하나님의 말씀을 전해야 합니다. 그래서 삶의 전도를 통해서 만나는 사람마다 감동을 주어야 합니다. 사람들에게 손해를 끼치지 않는 건전한 생각, 바른 말, 아름다운 삶으로 사람들에게 감동을 주고, 그런 감동으로 예수를 전하는 것입니다.

사탄과의 관계

마지막으로 한 가지를 간단히 말씀드립니다. 교회는 하나님과 성도와 세상에 대해서 믿음과 사랑과 소망이라는 긍정적인 관계를 가집니다. 이에 더하여 꼭 주목해야 할 부정적인 관계가 하나 있습니다. 그것은 사탄과의 관계입니다. 교회는 사탄과 무슨 관계일까요? 교회는 지금까지 하나님과 성도들과 세상과 친구 관계이지만, 한 대상과는 항상 원수 관계에 있습니다. 사탄과 말입니다. 사탄이 지상에 있는 교회를 멸망시키려고 할 때, 교회는 믿음의 방패를 가지고 성령의 검을 들고 말씀을 들고 나가서 싸워서 사탄을 이겨야 합니다(엡 6:10-17).

하나님이 이 땅에 교회를 두신 목적은 사탄과 싸워서 이기라는 겁니다. 하나님이 직접 싸우실 수 있지만 교회를 앞세워서 싸우게 하셨습니다. 그래서 교회는 영적 전사입니다. 이 세상에는 하나님의 교회를 넘보고 무너뜨리려는 많은 세력이 있는데, 교회는 그런 세력을 볼 때 그냥 가만히 있는 것이 아니라 연합하고 합력하고 힘을 뭉쳐서 싸웁니다. 사탄의 세력과 싸우는 게 교회라는 말입니다. 그래서 사도 바울은 영적 전신갑주를 입으라고 권면하는 것입니다. 그래야만 비로소 교회가 세상의 악한 영을 이길 수가 있습니다.

지금까지 교회에 대하여 중요한 몇 가지를 추려서 말씀드렸습니다. 교회의 본질은 세 가지입니다. 교회는 하나님과는 믿음의 관계, 성도들과는 사랑의 관계, 세상과는 소망의 관계에 있습니다. 교회는 믿음의 공동체이며, 사랑의 공동체이며, 소망의 공동체입니다. 우리는 교회의 본질을 잘 알고, 세상에 사는 동안 교회를 잘 섬겨서, 천국의 모델을 세상 사람들에게 보여주는 놀라운 역사를 일으켜야 할 것입니다.

삼위일체
하나님의
언약과 교회

김병훈

세상에는 여러 기관들이 있고 그 안에서 여러 가지 활동들이 일어납니다. 나라도 그런 것이고, 가정도 그런 것이고, 회사도 그런 것이고, 취미와 봉사를 위한 기관들도 나름대로 조직을 갖추고 활동합니다. 교회도 종교 생활이라는 하나의 일을 가능하게 하기 위해서 사람이 임의로 모여 조직하고 그 가운데서 기구를 갖춰서 나름의 규칙과 그것에 따라 움직이게 하는 그런 하나의 기관이라고 생각할지 모릅니다. 그럴 수 있겠습니다.

그러나 교회는 이 세상에서 보는 다른 어떤 기관과도 구별되는 다른 특수한 성격을 갖습니다. 그것은 사람이 임의로 세운 기관이 아니기 때문입니다. 교회가 어떠한 기관인가를 아는 것은 어떠한 사람이 교회의 회원을 이루는가를 아는 것과 밀접하게 연결됩니다. 교회가 무엇인가를 알려면 다른 방법도 있겠지만 웨스트민스터 신앙고백서에 고백된 교회와 관련한 내용을 살펴보는 것이 필요합니다. 먼저 어떠한 사람들이 교회의 회원들인지를 공부하면서 이 주제에 대한 답을 찾아가도록 하겠습니다.

하나님이 교회를 보실 때는 누가 교회의 회원이겠습니까? 먼저 알 것은 하나님 마음속에는 이미 교회의 회원으로 정해 놓으신 자들이 있다는 사실입니다. 그 사람들은 하나님이 영원 전에 택하신 백성입니다. 하나님께서는 창세전에 이미 세상의 창조와 세상에서 이루어지는 모든 역사들을 그의 뜻대로 작정하셨습니다. 하나님께서는 교회를 세상에 두기로 작정하시고, 하나님께서 선택한 백성들을 그 교회에 합당한 회원으로 삼으십니다.

그렇기 때문에 하나님께서 보시는 교회는 다름 아닌 회원의 구성이 하나님께서 택한 백성들로만 이루어집니다. 그 교회는 어떤 불순물, 가라지, 또는 못된 물고기 이런 것들이 섞이지 않은 순수하고 완전합니다. 그 교회가 존재하겠습니까? 비록 우리 눈에는 보이지 않지만 하나님께서 보시는 관점에서는 분명히 존재합니다. 그 교회가 우리 눈에 보이지 않는 데에는 몇 가지 이유가 있습니다. 우선 우리들은 하나님께서 영원 안에서 선택한 백성들을 하나님께서 아시듯이 알 수가 없다는 것입니다. 모든 것을 자신의 뜻대로 이루어 가시는 창조주 하나님의 눈에는 보이겠지만, 시간과 공간의 한 틈바귀에서 잠깐 살다가 마는 존재에 불과한 우리들에게는 불가능한 일이 아니겠습니까?

또 다른 이유는 선택을 받은 사람들이 누구인지를 우리가 가려낼 수 없다는 사실입니다. 우리가 알 수 있는 것은 어떤 사람이 선택받은 사람일 것이라는 증거입니다. 어떤 사람에게 보이는 그의 신앙의 양태들을 보고, 이것은 하나님의 은혜를 받은 증거가 분명하다고 판단하고, 그렇기 때문에 그는 선택을 받은 자라고 믿을 수 있습니다. 왜냐하면 그러한 증거들과 선택의 사실은 거짓을 말씀하시지 않으시는 하나님의 약속에 의해서 견고하게 확인되기 때문입니다. 그러나 선택된 모든 사람들을 다 알 수는 없는 일입니다. 그래서 하나님께서 선택하여 예정하신 회원들로 이루어진 교회를 가리켜 보이지 않는 교회라고 일컫습니다. 우리는 이 교회를 보지 못하지만 하나님께서는 보시고 아십니다.

교회란 무엇인가

보이지 않는 교회

먼저 웨스트민스터 신앙고백서 25장 교회 1항에서 '보이지 않는 교회'에 대해 어떻게 진술하는지 보겠습니다.

> 보이지 않는 보편적 교회는 이 교회의 머리이신 그리스도 아래 모여 왔으며 앞으로도 모여 하나가 될 택함을 받은 모든 사람으로

구성된다. 교회는 그리스도의 신부요, 몸이며, 만물을 충만하게 하시는 분의 충만함이다(제25장 교회 1항).

본 항목이 교훈하는 바는 생소한 단어가 없어 쉬워 보일지 모르지만 사실 어려운 개념입니다. 보이지 않는 교회는 그리스도의 신부요, 그리스도의 몸이요, 만물을 충만케 하시는 분, 곧 그리스도께서 충만하게 하심으로 이루어지는 교회입니다. 이 교회의 머리는 그리스도이시며, 그리스도 아래 하나로 모여왔으며 앞으로 하나로 모일 교회입니다. 보이지 않는 교회는 곧 역사가 시작되기 이전부터 하나님의 마음과 계획 안에 있으며 이 교회는 역사 속에서 실현될 것이라고 고백합니다.

보이는 교회

보이지 않는 교회가 역사 가운데 드러나게 된다면 그 교회는 또한 볼 수 있는 교회가 되는 것이 아닐까요? 그렇습니다. 이와 관련하여 웨스트민스터 신앙고백서는 다음과 같이 교훈합니다.

보이는 교회도 또한 복음 아래에 있는 (전에처럼 율법 아래에서 한 민족에게 제한되어 있지 않은) 보편적인 교회이다. 보이는 교회는 참 종교를 고백하는 온 세계에 흩어져 있는 모든 사람들과 그들의 자녀들로 구성된다. 보이는 교회는 주 예수 그리스도의 왕국이며,

하나님의 집이요, 가족이다. 그리고 이 교회 밖에서는 구원을 받을 수 있는 통상적인 가능성은 없다(제25장 교회 2항).

보이지 않는 교회는 보이는 교회를 통해 그 모습을 나타냅니다. 보이는 교회는 역사가 시작되면서 역사 속에서 가시적인 실체로 나타납니다. 역사를 통해 드러나는 보이는 교회는 보편성을 특징으로 지닙니다. 왜냐하면 보이는 교회는 어느 시대나 있으며, 또한 어느 장소에나 있을 수 있기 때문입니다. 보이는 교회가 보편성을 갖는다는 것은 참 중요한 의미를 갖습니다. 예를 들어 어떤 교회가 바른 교회인가, 그 교회가 참 교회인가를 판단할 때에 다만 그 교회만 바라보면서 여러 가지로 만족스러우니 바른 교회라고 주장해서는 안 된다는 것을 의미합니다.

어떤 교회가 참 교회인가는 그 교회가 가진 특수성으로 판단할 수 있는 것이 아닙니다. 만일 그렇게 한다면 곤란한 경우에 처할 수 있습니다. 교회가 공교회로서 보편성을 갖는다는 점을 무시하고 특수성만 지나치게 주장하게 되면 잘못된 방향으로 치달아 갈 수 있기 때문입니다. 그것의 한 가지 극단적 사례가 이단입니다. 이단들은 자신들이 다 참 교회라고 주장합니다. 그런데 잘 살펴보시기 바랍니다. 이단들이 자신들이야말로 참 교회라고 주장하면서 내세우는 이유들은 다 자신들만의 특수성입니다. 이단들은 그 특수성 안에 갇혀서 공교회의 보편적 동질성을 거부하거나 상실하는 특성을 드러내고 맙니다.

보이는 교회인 보편적 공교회는 교회의 신학과 신앙 인식을 결정하는 성경에 의하여 판단을 받습니다. 이단들은 이러한 사실을 왜곡하고 거부합니다. 이단들에게 어찌하여 공교회적인 보편성을 버리고 자신들의 독특성만 주장하는지를 물어보면, 예외 없이 자신들의 교주가 가르치는 성경 해석을 내세웁니다. 그들은 다른 교회들의 성경 해석은 다 틀렸다고 말합니다. 그리고 주장하기를 자신들의 교주만이 성경 해석의 모든 기초와 원리와 열쇠를 가지고 있다고 주장합니다. 이렇게 말하면 그 교회는 공교회성을 잃어버리게 됩니다. 보편 교회가 지향해야 할 공교회성을 잃어버리는 순간 어떻게 되겠습니까? 교회로 여겨졌던 그것은 더 이상 교회가 아니며 이단이 되고 맙니다.

공교회는 보편적 교회로 역사 속 어딘가에 또 어느 때인가에 항상 있어 왔습니다. 주님께서 교회를 설립하신 이후 이 교회가 역사 속에서 사라진 적이 없습니다. 영적으로 시대가 암울하여 교회가 사라진 듯이 보여도 다른 곳에 공교회성을 지닌 교회가 존재하므로 항상 역사 속에는 참된 교회가 존재합니다.

자신이 속한 교회가 이러한 공교회에 속한 것인지를 아는 기준, 곧 자신이 출석하는 교회가 이단이 아닌지를 분별하는 기준은 무엇이겠습니까? 그것은 자신이 출석한 교회가 공교회가 인정하는 신앙고백과 성경 해석 위에 서 있는가를 보는 것입니다. 자신의 교회가 공교회의 신앙고백과 성경 해석을 따르고 있다면, 그 교회와 교회의 구성원들은 모든 보편 교회에 속한 회원들과 더불어 보이는 교회에 속해 있다고 할 수 있습니다. 그렇게 드러나는 모습이 바로 그리스도의 왕국의 교회적 측면이라고 할 수 있습니다. 그럴 때 모든 개 교회들은 하나의 진리 아래 한 가족으로 그리스도 안에 있는 것입니다. 그래서 이 범위 안에 있는 교인들 서로 간에 다른 지역 교회에 속해 있다고 할지라도 한 형제, 자매이며, 한 가족으로 그리스도의 복음을 세상 끝 날에 주님이 오실 때까지 전하고 가르쳐가며 자신을 구원하고 또 다음 세대에 복음을 전하는 사명을 감당합니다. 믿음의 공유성 아래 서로를 세워가는 것입니다. 하나님께서는 바로 이러한 교회를 마음에 두시고 영원 전에 보이지 않는 교회를 세우시고, 그리고 역사 속에서 각 시대별로 또 지역별로 그것을 실현시켜 가십니다.

그러면 이러한 계획을 이루시기 위하여 하나님께서 어떤 일을 어떻게 하시는지 살펴보겠습니다. 이러한 고찰을 통해서 교회에 부여된 위대성과 교회가 누리는 영광이 무엇인지 드러나게 됩니다.

교회를 세우시는 삼위일체 하나님

하나님의 선택과 보이지 않는 교회

웨스트민스터 신앙고백서 제3장 '하나님의 영원한 작정' 중 3항을 읽겠습니다.

> 하나님의 영광을 나타내기 위하여, 그의 작정에 의해 어떤 사람들과 천사들은 영원한 생명에 이르도록 미리 결정되어 있으며, 다른 이들은 영원한 죽음에 이르도록 미리 규정되어 있다(제3장 하나님의 영원한 작정 3항).

하나님께서는 그의 선택을 통해 어떤 이들로 하여금 영원한 생명을 얻도록 예정하셨습니다. 정말로 납득하기 어렵게 느껴질지 모르지만 하나님의 작정에 의하여 어떤 이들은 영원한 죽음에 이르도록 미리 정해졌습니다. 그런데 이러한 선택과 유기는 하나님의 공의성과 관련하여 의문을 던질 수 있는 문제가 아닙니다. 선택과 유기의 문제는 하나님의 공의에 관한 문제가 아니고, 하나님의 절대 주권의 문제입니다. 절대 주권자이신 하나님의 뜻에 따라서 어떤 이는 생명의 선택을 받고, 어떤 이는 멸망의 유기를 받습니다. 이러한 선택과 유기의 작정을 하나님께서 그의 주권에 따라 족히 하실 수 있으며 그것은 공의로 판단할 문제가 아니라는 사실을 인정할 때, 예정론은 비로소 그 교리적 의미가 가장 분명하게 드러납니다.

그런데 그러한 인정을 할 수 있는 사람은 어떤 사람이겠습니까?

하나님을 창조주로 고백하고 또 창조주이신 하나님께 그만한 권위와 절대성이 있다는 사실을 고백하는 사람이라야 예정론을 인정하고 찬양의 마음으로 고백할 수가 있습니다. 결국 예정론은 하나님에 대한 신앙의 문제이며 신론의 문제인 것입니다. 창조주 하나님에 대한 올바른 고백이 있을 때에라야, 그가 행하신 선택과 유기의 성경적 교훈을 믿음으로 받을 수 있게 됩니다.

그러면 하나님의 예정은 하나님께서 작정하신 것이니만큼 불의해도 어떻게 할 도리가 없으며 그저 운명으로 받을 뿐이라고 생각할는지 모릅니다. 그러나 결과적으로 참 놀라운 사실은, 나중에 마지막 영원한 생명으로 들어가는 자들과 영원한 멸망으로 들어가는 자들이 모두 최후의 심판의 자리에서 하나님의 공의가 영광스럽게 나타나게 되는 것을 보게 된다는 점입니다. 앞서 말했듯이 선택과 유기의 예정을 하신 하나님을 향해 피조물인 인간이 어찌하여 그렇게 선택과 유기를 작정했는지 힐문할 수 없다는 점에서, 선택과 유기의 예정은 하나님의 절대 주권에 속한 것이며, 또한 공의성에 따라 판단할 대상이 아닙니다.

그렇지만 마지막 날에 최후의 심판의 자리에 들어가게 되면 하나님의 공의가 충만하게 드러날 것입니다. 영원한 멸망에 처하는 사람들 가운데 단 한 사람도 하나님을 향해 억울함을 호소하거나 불의를 책망할 수 있는 사람이 아무도 없게 될 것입니다. 하나님께서 이들의 허물과 죄를 낱낱이 드러내어 하나님의 공의에 따라 엄히 그러나 더하지도 덜하지도 않은 채 공정하게 심판을 내리실 것이기 때문입니다. 반면에 영원한 생명을 받는 자들을 향해서는 하나님의 무한한 긍휼과 자비가 그대로 드러날 것입니다. 그런데 하나님의 긍휼과 자비는 선택을 받은 자들의 중보자이신 예수 그리스도로 하여금 이들을 대신하는 죗값을 치르게 하시는 공의를 통해서 주어진 것임을 잊어서는 안 됩니다. 영원한 생명을 받는 자들이나 영원한 멸망에 처하는 사람들이나 다 하나님의 공의로운 심판 앞에서 각기 자신의 받을 것을 받는 것입니다.

다만 차이는 영생을 얻는 자들은 그리스도께서 계셔서 그들의 죄를 대리 속죄하심을 믿고 의지함으로 멸망에서 건짐을 받으나, 반면에 멸망에 처하는 자들은 하나님을 부인하고 자신의 행위대로 심판을 받는다는 데에 있습니다. 결국 영생을 누리는 자들은 자신에게 주어지는 영생이 오직 하나님의 긍휼뿐임을 고백하게 되며, 영원한 멸망에 처하게 되는 자는 자신이 받는 형벌이 자신의 죄책 외에는 다른 어떤 것에서도 책임을 찾을 수 없다는 것을 인정하지 않을 수 없는 공의의 영광스러운 선포 아래 놓이게 될 것입니다. 그리하여 영원 안에서 이루어진 선택과 유기의 절대 예정은 시간 안에서 실행되면서 선택을 받은 자들에게는 그리스도에게 임한 공의를 통해 절대적 긍휼이 부여되고, 유기된 자들에게는 자신들의 행위에 따라 엄격하고 공의로운 심판이 주어지는 것입니다.

이러한 영원한 선택의 대상자들만이 바로 하나님의 자녀들이며 백성들이고, 또한 예수 그리스도에게 속한 보이지 않는 교회의 참된 회원들입니다. 하나님의 교회는 바로 이러한 예정의 실행을 통해 이루어지며, 그런 의미에서 예정의 실행의 방편입니다. 그러나 또한 선택된 자들이 바로 예수 그리스도 안에 있으며, 교회가 그리스도의 몸이라는 사실에서 볼 때, 교회는 예정의 목표이기도 합니다.

삼위일체 하나님께서 선택을 실행하시는 방식

이러한 사실을 염두에 두면서, 이제 하나님께서 이 선택을 어떻게 성취해 가시는가를 살펴보겠습니다. 제3장 6항을 읽겠습니다.

> 하나님께서는 택함을 받은 자들을 영광에 이르도록 정하신 바처럼, 그의 영원하시며 지극히 자유로운 목적에 의해 그곳에 이르기 위한 모든 방편들을 미리 정하셨다. 그런 까닭에 택함을 받은 자들은 아담 안에서 타락한 이후에 그리스도에 의해 구속을 받고, 성령께서 알맞은 때에 역사하심으로써 유효적으로 부르심을 받아 그리스도를 믿고, 의롭게 되며, 양자로 되고, 거룩하게 되며, 믿음을 통해 구원에 이르도록 그의 능력에 의해 보호를 받는다. 택함을 받은 사람들이 아닌 다른 사람들은 누구도 그리스도에 의하여 구속을 받지 못하며, 유효적으로 부르심을 받지도 못하고, 의롭게 되지도 않으며, 양자가 되지를 못하고, 거룩하게 되지 않으며, 구원을 받지 못한다(제3장 하나님의 영원한 작정 6항).

하나님께서는 영원 안에서 선택한 자들을 영원한 생명으로 인도하기 위하여 역사 속에서 교회를 세우십니다. 곧 역사 속에 세워지는 교회는 하나님의 구원의 계획을 이루는 기반이며 토대이며 또한 방식입니다. 이처럼 교회를 역사 속에 세워 가시는 실행이 없다면 하나님의 선택의 예정은 영원 안에 계획은 되었으되 시간 안에 있는 우리들에게 이루어지지 않게 됩니다. 인간은 역사를 떠나서는 구체적으로 그 존재를 실현할 수가 없기 때문에, 하나님께서는 교회를 세우시고 그 교회를 통해서 은혜를 전달하시며 그리하여 영원 안에서 세우신 구원의 계획을 실행하십니다. 다시 말해서, 영원 안에서 계획된 하나님의 작정의 모든 선한 것이 시간 속에서 실행이 될 때에 우리는 비로소 하나님의 은혜를 받게 됩니다.

그렇기 때문에 "하나님께서 영원한 작정으로 나를 선택하셨다면 이 세상에서 믿음 생활을 하지 않더라도 결국 나는 구원을 받을 것이다"라는 주장을 하는 이들이 있다면, 그것은 예정론을 철학적 결정론에 가까운 운명론으로 잘못 오해한 사람들의 말과 다를 바 없는 억지일 뿐입니다. 왜냐하면 그러한 주장은 영원 안에서의 하나님의 예정과 시간 안에서의 하나님의 예정의 실행의 관계를 바르게 이해하지 못하고 있기 때문입니다. 하나님께서는 그의 예정의 내용뿐 아니라 그것을 실행하는 방식 또는 방법도 작정하십니다. 그 실행의 방식 또는 방법은 시간 안에서 인간의 인격적 경로를 통하는 것입니다. 따라서 인간 편에서 아무런 인격적 반응이나 활동 없이 예정의 선택이 실행되지는 않습니다. 하나님께서 주신 교훈을 따라 순종하는 절차와 과정이 요구되며, 그것을 통해 영원한 작정이 시간 안에서 성취되는 것입니다.

이러한 사실을 잘 이해하고 있다면 다음의 질문에 대해 올바른 대답을 줄 수 있을 것입니다. 질문은 이것입니다. 내가 믿을 때에 비로소 의롭다함을 받는 것일까요? 아니면 나를 영원한 생명을 주기로 선택하신 하나님의 영원 안에서 이미 의로운 자가 된 것일까요? 자, 사실 하나님이 보실 때에 나는 이미 의로운 자입니다. 나를 구원하기로 작정하신 분이 하나님 자신이시며 자신의 계획은 자신의 의지에 따라 반드시 이루어질 것이기 때문에, 그 일을 바라보는 하나님의 지식도 어긋남이 없을 것이며, 따라서 나는 이미 하나님이 보시기에 이미 의로운 자이며 구원을 받은 자입니다.

그럼에도 불구하고 우리가 실제로 의롭다 함을 받는 것은 그리스도의 복음을 듣고 내가 믿음을 고백할 때입니다. 믿을 때에라야 비로소 영원 안에서 세우신 하나님의 계획이 시간 내에서 실행되어 나에게 주어지는 것입니다. 이것이 하나님께서 정하신 방법이며 방식입니다. 이러한 방식을 통해 우리가 마땅히 행하여야 할 바를 교훈하신 것이 누구든지 구원을 받기 위해서는 회개하고 그리스도를 믿어야 한다는 책임의 요구입니다. 그러니까 내가 의롭다 함을 받고, 하나님의 자녀가 되는 이 놀라운 구원의 은혜를 받아 누리는 것은 예수 그리스도의 복음에 대한 믿음을 고백하지 않는

다면 불가능한 일인 것입니다.

이처럼 하나님의 선택의 예정을 받은 사람이라도 믿음의 고백 없이 구원이 이루어지는 일이 통상적으로 있을 수 없듯이, 경건의 노력 없이 성화가 이루어지는 일도 있을 수 없습니다. 따라서 나는 그리스도 안에서 거룩한 자로 세워지도록 예정되어 있으니까 내가 어떻게 살든지, 비록 내가 게을러도 결국에는 거룩한 경건한 자가 될 것이라는 주장은 하나님의 말씀의 원리를 뒤틀어버리는 왜곡인 것입니다. 오늘의 무릎 꿇음이 있어야 되고, 오늘의 눈물 흘림이 있어야, 하나님이 우리에게 내일의 경건한 복된 삶을 주십니다. 물론 이것은 하나님께서 인간의 협력이나 도움을 필요로 하여 그렇게 하시는 것이 아닙니다. 즉 하나님의 손이 짧아서 구원치 못하심이 아니고, 능력이 없어 그렇게 못하심이 아닙니다. 단지 그것이 하나님이 정하신 뜻이요, 영원과 시간의 상관적 원리이며, 창조주 하나님과 피조물인 인간의 언약적 원리인 것입니다.

이러한 원리에 따라서 하나님께서는 선택의 예정을 이루어 가시며, 그 과정에서 교회를 세우시고, 또한 교회를 통해 그의 구원의 계획을 실행하십니다. 이러한 사실은 하나님의 예정을 이루어 가시는 일이 곧 교회를 세우시는 것임을 말해줍니다. 교회를 세우시는 일은 그리스도의 객관적인 구속의 사역과 이를 선택된 사람들에게 적용하는 성령 하나님의 주관적 사역을 통해 이루어집니다.

앞서 읽은 6항을 보면 택함을 받은 사람들은 아담 안에서 타락했다는 진술이 나옵니다. 선택을 받은 자들은 아담 안에서 이미 타락하여 영원한 형벌 아래에 있는 자들입니다. 즉 그리스도로 말미암아 구속을 받아야 하는 존재이며, 구속을 받은 자들이 교회를 구성하고, 이러한 자들에게 구속의 복음이 전하여지기 위하여 교회가 또한 세워집니다. 이런 의미에서 예수 그리스도는 교회의 기반이요 조건입니다. 이러한 예수 그리스도의 객관적 사역은 '적절한 시기에 성령의 일하심으로 인하여' 선택의 예정을 입은 자들에게 적용됩니다. 이것을 가리켜 성령 하나님의 주관적 사역이라고 합니다. 말하자면 그리스도의 사역이 객관적으로 성취되는 토대가 이루어지고 그것이 성령이 일하심으로 내 안에 주어지는 주관적 적용이 있을 때 비로소 선택이 나에게 실행되며, 그 결과로 비로소 교회가 모습을 드러내게 됩니다. 요컨대 교회는 영원 안에서의 하나님 아버지의 선택, 그리스도 예수의 객관적 구속 사역의 성취, 그리고 성령 하나님의 주관적 구속 사역의 적용의 결과로 세워지는 것이라 하겠습니다.

이러한 적용이 한 개인에게 언제 실행되는 것인지에 따라서 각각 믿는 시점이 다르게 됩니다. 어떤 분은 팔십 세에 비로소 믿고, 어떤 분은 나면서부터 믿음의 가정 안에서 믿음의 역사가 이미 성령님의 은혜 안에서 주어지기도 합니다. 어떤 사람이 복음을 완강히 고집스레 평생에 걸쳐 거부한다고 하더라도, 그를 구원할 시기를 놓쳤다고 판단하는 것은 옳지 않습니다. 그것은 인간적인 판단에 불과합니다. 언제라도 때가 이르면 믿음의 역사는 나타날 수 있습니다. 그 때의 문제는 하나님의 주권에 속한 것이기 때문에 인간편에서 믿음의 시기를 놓쳤다고 하거나, 때를 놓쳤다고 하는 말은 성립될 수 없습니다. 따라서 우리는 누군가 죽기 직전까지 복음을 그 사람에게 전해야 하고, 신앙을 고백하도록 격려해야 합니다. 따라서 우리에게 구령을 향한 열정은 끝까지 있어야 합니다.

신앙의 주관적 적용은 중생으로 시작하여 그리스도를 믿도록 효과적으로 부르시는 소명, 회개하고 그리스도를 믿는 신앙, 믿음으로 의롭다 함을 받는 은혜, 하나님의 자녀로 받아들여지는 수양(收養), 하나님의 자녀로 거룩한 삶을 이루어가는 성화, 그리고 사후에 영광의 상태에 이르는 영화 등과 같은 구원의 다양한 측면들에서 확인됩니다. 하나님의 선택을 받은 자녀들은 모두 이러한 은혜의 여러 측면들을 누리면서 구원을 받습니다. 이런 은혜가 없이는 어느 누구라도 구원을 받지 못합니다. 말하자면 이러한 은혜를 받은 사람들이 바로 참된 교회의 회원에 포함됩니다.

그런데 이와 같은 주관적 역사는 매우 신비적인 성령 하나님의 활동입니다. 하지만 믿음의 고백과 성화의 삶을 이루며 선행을 행하는 모든 것들은 경건의 연습을 통해 나타나며 견고해집니다. 이와 같은 경건의 구체적인 내용과 실천이 없으면 이름뿐인 신자가 되는 것이고, 그러한 사람들에게는 구원이 주어지지 않습니다. 구원받는 신앙이란 명목상 신앙이 아니요, 우리 안에서 역사하는 성령님의 실제적 신앙이기 때문입니다. 이것은 너무나도 중요한 영적 사실입니다.

교회를 세우시는 삼위일체 하나님의 역할

영원 전에 세우신 구속 언약

또 먼저 웨스트민스터 신앙고백서 제8장 중보자 그리스도의 1항부터 읽겠습니다.

> 하나님께서는 그의 영원하신 목적에서 기쁘신 뜻대로 그의 독생자 주 예수를 택하여 하나님과 사람 사이에 중보자로 세우셨다. 그러므로 예수는 선지자요, 제사장이요, 왕이요, 그의 교회의 구주요, 만물의 상속자요, 세상의 심판자이시다. 하나님께서는 영원 전에 그에게 백성을 주셔서 그의 씨가 되게 하시고 그로 말미암아 구속함을 받으며 부르심을 받아 의롭다함을 얻으며 성화되고 영화롭게 하신다(제8장 중보자 그리스도 1항).

교회가 얼마나 영광스러운지를 생각해보시기 바랍니다. 교회는 죄인을 구원하기 위하여 성부, 성자, 성령 삼위 하나님께서 모두 참여하신 사역의 결과로 이루어집니다. 삼위일체 하나님의 구원을 위한 사역은 '영원 전에 세우신 구속 언약'을 실행함으로 이루어집니다. '영원 전에 세우신 구속 언약'이란 무엇일까요? 이것을 이해하기 위하여 먼저 '영원 전'이라는 말을 주목하시기 바랍니다. '영원 전'이라는 말은 '영원 안에서'라는 말과 동일한 표현입니다. 왜냐하면 영원은 시간과 달리 전후가 있을 수 없기 때문입니다.

또 구속 언약이라는 말을 살펴보시기 바랍니다. 이 말은 죄인을 구원하기 위하여 성부 하나님과 성자 하나님 사이에 세우신 언약을 가리킵니다. 성부 하나님께서 영원한 작정에 따라 선택하신 백성들을 구원하기 위하여 세우신 구속의 계획에 대해 성자 하나님께서 동의하신 언약입니다. 그러니까 예수님께서 자신의 사역과 관련하여 나는 내 뜻대로 하지 아니하고 나를 보내신 이의 뜻을 따라 행할 따름이라고 말씀하신 것을 아시지요? 이 말씀은 주님께서 하나님 아버지께로부터 받은 사명을 이루시기 위하여 성육하시어 이 땅에 오신 것이며 오직 그 사명을 행하신다는 것을 뜻합니다. 주께서 이 땅에 성육하신 일도 하나님 아버지의 뜻이었고, 주께서 수난을 받아 죽임을 당하시는 것도 하나님 아버지 뜻이었으며, 주께서 부활하게 되는 것도 하나님 아버지의 뜻입니다. 이처럼 이 땅에서 하나님 아버지의 뜻을 행하신 예수님은 이 땅에 오셔서 비로소 그 뜻을 알아 행하신 것이 아니라, 성육하시기 이전에 이미 자신이 성부 하나님과 언약하신 바를 행하신 것입니다.

따라서 예수 그리스도께서 죄인을 구원하시는 은혜의 구속사역은 바로 영원 전에 성부와 성자 사이에 맺으신 구속 언약의 실행입니다. 말하자면 구속 언약이 역사 가운데 실행되어 나타난 결과가 바로 은혜 언약입니다. 교회는 은혜 언약에 따라 세워지기 때문에, 교회는 이미 은혜 언약의 실행 원리인 구속 언약에 이미 영원 전에 기초하고 있다고 할 수 있습니다. 그리스도께서 선택을 받은 무리들의 머리가 되시는 구속 언약은 역사 속에서 은혜 언약으로 실행되면서 교회를 세우게 됩니다. 교회는 구속 언약 안에서 영원 전에 이미 세워져 있으며, 은혜 언약 안에서 역사 가운데 드러나게 됩니다.

이러한 영원 전의 구속 언약과 역사 안의 은혜 언약은 두 가지 핵심 요소를 중심 내용으로 갖습니다. 하나는 하나님께서 구원받을 자를 선택하시는 일이고 다른 하나는 그들을 위하여 그리스도께서 중보자가 되시는 일입니다. 이 중 선택과 관련한 요소는 앞서 이미 언급하였으므로 이제 중보자에 관해 말씀드리겠습니다. 영원 전에 하나님께서는 자신께서 기뻐하시는 뜻에 따라서 하나님과 사람 사이에 중보자를 세우십니다. 이 중보자는 믿고 있는 바대로 독생자 주 예수님입니다.

여기서 독생자라는 말은 성자 하나님을 성부 하나님과 구별하여 위격이 서로 다른 분이심을 나타내는 말입니다. 그러니까 '성부도 하나님이시고 성자도 하나님이신데 이 두 분이 어떻게 서로 구별됩니까?'라고 물으면, 그 대답은 '성부는 아버지 되시고, 성자는 아들 되십니다'라고 답합니다. 그러한 답을 반영하여 성자는 성부의 독생자라고 표현합니다. 그러니까 독생자라는 말을 들으면 하나님의 아들은 한 분밖에 안 계시기 때문에 유일한 외아들이시라는 의미가 먼저 떠오르지만, 여기서 하나님에게 아들이 여럿 있을 수 있지만, 단지 한 분만 계신다는 의미에서의 외아들 개념이 아니라는 사실에 주의해야 합니다. 다시 말해서 성부와 성자 사이의 위격적 관계는 아버지 되심과 아들 되심으로 구별됩니다. 그 위격의 구별성을 반영하여 그리스도를 '독생자'라고 일컬어 말하는 것입니다.

따라서 독생자 주 예수라는 말은 성부 하나님과 위격적으로 구별되신 성자 하나님이 세상에 나타난 주 예수님이시라는 뜻과 같습니다. 하나님 아버지께서는 구속 언약에 따라서 성자 하나님, 곧 독생자 주 예수를 택하여 하나님과 사람 사이에 중보자가 되도록 하셨습니다. 성자 하나님은 하나님과 사람 사이에서 중보자가 되기 위하여 성육신 하신 것이며, 성부의 뜻에 따라서 선지자, 제사장, 왕 이 세 가지 사역을 감당하심으로 인해서 교회의 구주요, 만물을 다스리시는 심판자가 되셨습니다.

교회는 예수님이 우리에게 진리의 말씀을 선포하시며 또한 스스로 진리의 말씀이신 선지자시요 우리를 위하여 대속의 은혜를 베푸신 제사장이시요 우리 심령에 그의 영으로 통치하시는 왕이시라는 이 세 가지 사실을 고백합니다. 교회가 '예수님을 믿습니다'라고 고백하는 의미는 예수님의 세 가지 사역을 고백하면서, 교회도 세상 속에 흩어져 있는 선택된 백성들에게 그리스도를 전하고 그리스도의 교훈을 배우고 가르치는 선지자의 사역을 따르고, 또한 죄인들의 허물의 사함을 그리스도를 의지하여 구하는 제사장 사역을 행하며, 그리스도의 교훈에 따라 순종하며 살아가는 그리스도의 통치가 이루어지도록 하는 왕적 사역을 행하는 것을 의미합니다. 교회가 예수님을 믿는다는 의미는 결국 교회가 무엇을 하는 기관인가를 결정하여 줍니다.

이러한 교회의 사역을 신자 개인의 신앙에도 동일한 원리에 따라 적용합니다. 신자의 신앙고백은 그리스도를 배우고 전하고, 그리스도의 사랑을 실행하며, 그리스도의 교훈에 순종하는 모습을 갖추도록 요구합니다. 따라서 예수를 믿는다는 말은 단순히 '예수님이 나의 죄를 위해 죽으셨다고 나는 믿는다'라는 명제를 기억한다는 것에 그칠 수 없습니다. 이러한 명제는 결코 우리를 구원에 이르게 하는 주문의 효과를 가지고 있지 않습니다. 복음의 명제에 대한 지식은 그 지식이 가리키는 신앙의 실체가 무엇인지를 알게 해 주는 방편이 되기 때문에 중요한 것이지만, 지식 자체가 우리를 구원하는 힘은 아닙니다. 그렇기 때문에 지식이 많아야 백 점 구원받고, 지식이 적으면 십 점 구원받는 것이 아닙니다. 그렇다고 해서 거꾸로 아예 믿음의 지식이 없거나 왜곡되었거나 현저히 부족하게 되면 어떻게 될까요? 그러한 사람은 구원 받기를 기대하기가 어렵습니다. 왜냐하면 믿음의 지식이 없기 때문에 믿음이 무엇을 말하고, 지식을 통하여 깨달아야 할 마땅한 영적 실상과 실체에 대한 효력을 받을 길이 없기 때문입니다. 지식 자체가 구원하는 건 아니지만 믿음의 지식은 그리스도가 어떤 분인지를 알게 하고 성령의 역사가 무엇인지를 알게 하며 우리의 영혼과 인격을 바꿔가기 때문입니다. 말씀의 지식은 성령께서 사용하시는 수단임을 기억할 필요가 있습니다. 성령께서는 말씀을 가지고 역사하십니다. 말씀의 지식이 없는데, 성령께서 순간에 도를 깨닫듯이 깨우쳐서 믿음의 깊은 경지에 이르시게 할까요? 그런 일은 생각하기 어렵습니다.

구속 언약의 실행을 위한 그리스도와 성령

이제 우리에게 구원의 복음을 주시는 교회의 머리이신 그리스도 중보자란 어떤 분이신지에 대해 3항을 읽으며 살피겠습니다.

> 이와 같이 신성과 연합된 인성을 가지신 주 예수께서는 성별되시고, 성령을 한량없이 받으셔서 자신 안에 지혜와 지식의 모든 보화를 가지셨다. 아버지의 기뻐하시는 뜻대로 모든 은혜로 충만하셔서 끝내 악이 없으시고 더럽혀지지도 않으시고 은혜와 진리로 충만하셨다. 그럼으로써 그는 중보자요, 보증인의 직무를 담당할

자격을 충분히 갖추셨다. 그는 이 직무를 스스로 지신 것이 아니고 아버지의 부르심을 받아 수행하였으니, 아버지께서 모든 권세와 심판을 그의 장중에 맡기시고, 그것을 수행하시도록 명하신 것이었다(제8장 중보자 그리스도 3항).

방금 읽은 본 항의 첫 줄에서 '주 예수'를 설명하는 바를 살펴보시기 바랍니다. 두 가지가 눈에 들어옵니다. 하나는 "신성과 연합된 인성을 가지신"이라는 말이며, 다른 하나는 "성령을 한량없이 받으셔서"라는 말입니다. 전자의 표현은 "참된 신성과 참된 인성을 가지신"이라는 뜻으로, 독생자로 표현된 성자께서 본래 가지신 신성에 더하여 인성을 취하셨음을 말합니다. 또 후자의 표현은 성부와 성자 사이의 구속 언약의 실행이 성령 하나님의 연합으로 이루어지는 것임을 말해 줍니다. 즉 예수 그리스도의 구속 사역인 은혜언약은 성부와 성자와 성령 삼위일체 하나님의 연합 사역임을 알 수 있습니다. 본래 하나님이신 성자의 위격에 연합된 인성은 성령의 충만성으로 말미암아 그리스도께서 우리의 중보자이시며, 보증인의 직무를 담당할 자격을 충분히 가지신 무흠한 분이심을 말합니다.

특히 예수님께서 이 땅에 사시는 동안 예수님이 율법으로 무흠하다는 사실을 말해주는 가장 중요한 사례를 든다면, 광야에서 시험 받은 사건을 말할 수 있겠습니다. 예수님께서 시험 받으신 사건들은 예수님이 하나님과 어떤 관계성이 있는가를 보여줍니다. 예를 들어, 예수님이 실제로 돌을 떡덩이로 되게 하라고 할 때에 '사람이 떡으로만 사는 것이 아니라 하나님이 주시는 말씀으로 산다'라는 말로 시험을 이기시고, 또 높은 데서 뛰어내리라 했더니 '여호와 하나님을 시험치 말라' 하셨고, 또 천하만국의 영광을 다 보여주고 한 번만 절하면 주겠다고 할 때에 '오직 하나님만 경배하라'는 말씀으로 마귀를 물리치셨습니다. 이렇게 말하는 내용을 통해서 주님께서는 공생애는 물론이거니와 사적인 생활 모두를 포함해서 전 생애 동안 하나님만 경배하셨으며, 주님의 말씀을 의심하는 죄인의 태도를 가지신 적이 없다는 사실을 알게 됩니다.

예수님은 창조되었을 때에 아담과 하와가 본래 누렸던 무흠한 상태를 뛰어넘는 복된 자유를 누리고 계셨습니다. 아담과 하와는 죄가 없는 순전한 상태로 지음을 받았기에 그들이 원하면 죄를 짓지 않을 수 있는 자유를 가지고 있었습니다. 그러나 예수님께서는 성령이 충만한 가운데 죄 짓기를 전혀 원하지 않으심으로 죄를 전혀 범하지 않는 자유를 행사하셨습니다. 아담과 하와가 타락한 이후에 원죄로 인한 부패성 때문에 죄를 범하지 않을 수 없는 존재가 되어버린 죄인을 구하시기 위하여, 중보자이신 예수 그리스도는 성령을 한량없이 받으시어 죄 범하기를 원하지 않으시며 죄를 범할 수도 없으신 분으로 우리에게 오신 것입니다. 이렇게 본래 하나님이신 성자께서 신성에 더하여 인성을 취하시고 성령의 충만함으로 마리아에게서 죄가 없는 상태로 출생하시고 전 생애 동안 구속 언약에 따라 하나님의 뜻을 이루시었습니다.

그러면 이제 이렇게 그리스도께서 구속 언약을 실행하신 일을 성령 하나님께서 어떻게 적용하여 가시는지를 살펴보겠습니다.

> 그리스도께서는 그가 값을 치루고 구속하신 사람들에게 구속의 은혜를 확실하게 그리고 효과 있게 베푸시며 전달하신다. 즉 그들을 위하여 중보하시며, 말씀 안에서 그리고 말씀으로 그들에게 구원의 비밀을 계시하시고, 그의 성령으로 그들을 믿고 순종하도록 효과 있게 설득하시며, 그의 말씀과 성령으로 그들의 마음을 다스리신다. 그는 그들의 모든 적들을 그의 전능하신 능력과 지혜로 정복하시되, 그의 놀랍고 헤아릴 수 없는 경륜에 일치하는 양식과 방도로 정복하신다(제8장 중보자 그리스도 8항).

교회의 중보자이신 예수 그리스도께서 성부 하나님께서 선택한 백성들을 교회로 모으시는 방편은 말씀입니다. 말씀 안에서 오직 말씀으로 구원의 비밀을 계시하시고 그리스도를 믿고 순종하도록 하심으로써 교회로 구성원들을 모으십니다. 여기서 기억할 중요 원리는 '말씀과 성령'입니다. 성령께서는 말씀을 가지고 말씀으로 우리의 마음을 변화시키시고 다스리십니다. 사람들이 마음을 다스린다고 흔히들 말하지만, 마음을 다스린다는 것은 면벽수도(面壁修

道) 같이 무엇인가를 정진하여 다스릴 수 있는 게 아닙니다. 자, 우리가 오늘부터 침묵정진, 묵언수행을 하여 마음을 다스리려고 노력한다고 합시다. 사실 말을 적게 하고 마음을 다스려보기 위한 일정한 규칙을 만들어 지키려 애를 쓰는 것은 그 자체로 좋은 일이긴 합니다. 그렇게 하여 내 마음에 하고 싶은 여러 가지 생각과 번민들을 정리하는 시간을 가지는 것은 일정한 수준에서 마음의 수양에 도움이 될 수 있겠습니다. 그런 의미에서 타종교와 다른 사람들의 마음의 심경을 다스리려는 노력과 그 모든 일들이 그 자체로 나쁘다고 말하기는 어려운 좋은 점들이 있다고 할 수 있습니다. 그것은 일반 은총 안에서 우리에게 주신 교양과 훈계 방법일 수 있습니다.

그런데 문제는 그렇게 한다고 하여 근본적 본성상의 부패성을 개선하거나 극복하지 못한다는 데 있습니다. 그렇게 하여 절대로 못 고칩니다. 근본적인 부패성을 다스릴 가능성은 오직 성령님에게서 옵니다. 성령님께서 말씀을 가지고 마음을 다스릴 때에라야 비로소 가능성이 열립니다. 성령님의 다스림은 인격적인 지배이기 때문에 억압적이거나, 지정의의 활동을 배제한 채 이루어지는 것이 아닙니다. 말씀을 통해 깨닫게 하시고 마음의 원함을 바꾸시고 결단하게 하여 변화를 이루십니다. 마음의 생각과 감정적 선호와 선택의 가치를 바꾸십니다. 예를 들어 이전에는 한 잔 하는 것이 좋았던 때가 있었다고 합시다. 그런데 지금은 그것으로 인하여 구역질이 나고, 부패와 퇴폐와 썩은 냄새를 맡을 수 있습니다. 술집의 냄새가 전에는 향기처럼 좋았는데 은혜 받고 난 뒤에는 똥냄새 같고 역겹게 됩니다. 술자리에 이어지는 온갖 퇴폐성과 탐욕과 더러움이 얽혀있는 걸 보게 되고 그게 싫어집니다. 친구들과의 대화가 달라집니다. 돈을 쓰는 가치가 달라집니다. 모임의 즐거움의 성격이 바뀝니다. 이러한 변화를 낳는 것이 마음을 다스린다는 말속에 담겨져 있는 뜻입니다. 이러한 변화는 성령님께서 말씀을 가지고 역사하심으로 나타납니다. 성령님의 이러한 활동을 통해 변화를 받은 신자들을 교회로 모으심으로 교회가 형성되며 성장해 갑니다.

교회를 실행하는 방편: 삼위일체 하나님의 언약

언약의 필요성

그러면 이러한 모든 일을 행하시는 원리가 되는 하나님의 언약에 대해서 좀 더 살펴보도록 하겠습니다.

> 하나님과 피조물의 간격은 실로 크기 때문에, 비록 이성적 피조물들이 창조주이신 하나님께 복종한다고 하더라도, 그들은 하나님에게서 축복과 보상과 같은 것을 성과로 가질 수는 없다. 단지 하나님 편에서 기꺼이 스스로 낮추시는 겸양으로 가질 수가 있으며,

하나님께서는 언약의 방식으로 이것을 표현하시기를 기뻐하셨다 (제7장 사람과 맺으신 하나님의 언약 1항).

언약의 필요성은 우선 하나님과 피조물 사이의 간격이 실로 크다는 데에서 출발합니다. 이러한 간격의 차이로 인하여 창조주이신 하나님께서 먼저 자신을 우리의 수준으로 낮추어 찾아주시는 겸양을 베풀어 주시지 않는다면 하나님과 피조물 사이의 어떠한 관계도 불가능합니다. 그런데 하나님께서는 이러한 겸양의 낮추심을 언약을 통해 나타내셨습니다. 즉 언약이란 피조물인 인간이 하나님을 만나고 그를 예배하는 유일한 길입니다. 그렇기 때문에, 하나님과 우리의 관계는 언약을 통해서 가능할 뿐 아니라, 그 관계가 올바른 방향으로 나가는지에 대한 확인도 언약을 통해서 가능합니다.

그러니까 어떤 사람이 하나님을 그냥 자신의 생각대로 믿는다고 합시다. 그가 하나님은 이럴 것이라고 생각하거나, 하나님은 이것을 기뻐하실 거라고 임의로 생각하고 열성을 기울여 그 생각대로 하나님을 섬긴다고 할 때, 그것은 결코 올바르게 하나님을 섬기는 것이 아닙니다. 이런 식으로 믿는다면, 그것은 자신이 만든 신관을 따라 자신의 신앙심으로 만든 하나님을 믿으니 곧 우상숭배를 하는 것이 됩니다. 하나님은 자신이 어떤 분이신지를 우리에게 보이셨기 때문에, 그 보이신 방식을 통해서만 하나님을 옳게 예배하고 관계할 수 있는 길이 비로소 열립니다. 유한한 피조물은 무한

한 창조주를 정의할 수 없으며 또 하나님을 규격화하여 하나님을 설명할 수가 없고, 예배할 수가 없습니다. 신학적으로 말하자면 유한은 무한을 품을 수 없기 때문입니다.

피조물이 임의로 하나님을 그려낼 수 없으며, 하나님께서 계시를 베풀 때라야 비로소 하나님 지식이 가능하며 이 계시는 바로 언약이라는 틀을 통해서만 가능하다는 사실에 맞서서, 피조물은 결코 하나님의 계시를 받거나 이해할 수 없다는 주장이 개진되었습니다. 그것은 칸트라는 사람의 생각입니다. 사람은 결코 현상계를 넘어서는 초월계를 인식할 수 없으며, 그런 의미에서 하나님의 계시를 아는 것은 인식론적으로 불가능하다고 주장합니다. 그런 결과로 계몽주의 시대는 철학을 기초로 하나님의 계시를 부인하였고, 이것을 인정하면서 신학의 가능성을 열고자 슐라이어마허라는 신학자는 초월자에 대한 절대 의존의 감정을 주장했습니다. 하늘로부터의 계시를 막아버리자 하나님을 아는 신학은 경험에 기초를 두고 전개하고자 하는 노력들이 나타난 것입니다. 그러나 이러한 시도는 큰 문제를 야기합니다. 도대체 하나님을 말하는 신학이 인간의 경험에서 출발하는 인간학으로 전환되고 마는 문제가 나타납니다. 신학의 가능성과 자료를 계시에서 찾지 않고, 일체 경험에서 찾기 시작하자 신학은 객관적 지위를 잃어버리고 한낱 주관주의의 한계 안에 갇혀 버리게 됩니다.

그러나 웨스트민스터 신앙고백에 따르면 이러한 모든 신학의 방법은 근원적으로 잘못된 것입니다. 신학은 계시에서 비롯되며, 그러한 계시는 언약의 방식에 따라 하나님을 믿고 예배하는 관계를 비추어 줍니다. 이러한 하나님과의 관계의 가능성은 피조물로부터 하나님에게로 나가는 것이 아니라, 하나님으로부터 피조물에게로 나가는 방향에서 찾아집니다. 그리고 그 방향은 하나님께서 피조물의 수준으로 자신을 낮추어 주시는 겸양을 통해 가능하게 됩니다. 하나님을 아는 지식에서도 그러할진데, 피조물이 하나님을 향해 어떤 보상이나 축복을 요구하는 일과 같은 것은 더 말할 나위 없을 것입니다. 오직 하나님께서 언약을 맺으실 때에라야 인간은 비로소 하나님을 알고 하나님과의 관계를 맺어갈 수 있습니다.

사람과 맺으신 첫 언약: 행위 언약

그러면 이러한 언약은 어떻게 나타나고 있는지 살펴보도록 하겠습니다. 2항을 읽겠습니다.

> 사람과 맺으신 첫 언약은 '행위 언약'이다. 하나님께서는 이 언약으로 아담과 또 아담 안에 있는 그의 후손들에게 개인적이며 완전한 순종을 조건으로 생명을 약속하셨다(제7장 사람과 맺으신 하나님의 언약 2항).

하나님께서 인간과 맺으신 첫 번째 언약은 순종을 조건으로 생명을 약속하신 언약이었습니다. 순종을 하여야 생명을 약속받는 것은 얼핏 생각하면 굉장히 어려운 것 같지만 실제로는 어려운 조건이 아니었습니다. 왜냐하면 하나님께서 말씀하신 언약적 조건을 이룰 수 있는 능력을 갖고 있지 않은 우리와는 전혀 다르게, 창조를 받았던 처음의 아담은 앞서 말한 것처럼 죄가 없는 상태로 지음을 받았으며 그러하기에 그가 원하기만 하면 순종할 능력을 갖추고 있었기 때문입니다. 여기서 기억해야 할 중요한 사실이 나옵니다. 첫 번째 아담과 하와는 순종할 능력을 가지고 있어서 진실로 그들이 원하기만 한다면 순종할 수 있었다는 것입니다. 그래서 하나님께서는 순종하면 살 것이라고 말씀하신 것입니다.

원하기만 하면 할 수 있다는 사실을 이해하는 것은 참으로 중요합니다. 아담의 범죄 이후에 원죄 가운데 태어나는 우리는 순종을 원하기도 하지만 항상 그렇지 못합니다. 더욱이 원한다 할지라도 순종을 완전하게 하지 못합니다. 중생자임에도 불구하고 왜 그럴까요? 여전히 남아 있는 부패한 옛 사람의 흔적 때문입니다. 비록 성령님의 도움으로 내 안에 순종할 능력이 주어졌다 할지라도 옛 사람의 흔적 때문에 내가 순종함을 원치 않으면 여전히 죄를 사랑하는 일이 벌어지고 맙니다.

순종할 능력을 가지고 있는 상태로 창조를 받은 아담과 하와에게는 행위 언약이 어려운 것이 아니었습니다. 순종하기를 원한다는 것은 신앙의 근본 원리입니다. 그러나 어쩌면 신앙이 무엇인가를 이해하는 전부일는지 모릅니다. 왜냐하면 순종은 곧 하나님을 인정하는 것이기 때문입니다. 하나님의 하나님 되심을 인정한다는 말이 무엇이겠습니까? 창조주 하나님의 선하심을 인정하고, 그래서 자신을 향한 하나님의 섭리의 선함을 인정하고, 그러한 믿음의 토대에서 자신에게 현재의 고난과 불행이 있다고 하더라도 여전히 자신을 선대하시는 하나님을 인정하는 것은 다름 아닌 믿음을 설명하는 중요한 내용이 됩니다. 창조하신 권능은 인정하되 선하심을 부정하면 불신입니다. 창조의 권능의 인정이 하나님의 선하심과 배반될 수가 없습니다. 따라서 신앙이란 섭리의 선하심을 믿고 섭리의 지혜로움을 믿고, 절대성 앞에 엎드리는 것 이외에 다른 것이 아닙니다.

마귀가 와서 하와에게 하나님이 동산에 있는 모든 실과를 먹지 말라 하더냐라고 물을 때, 하와는 질문 자체의 악함을 바로 간파했어야 합니다. 그 질문은 이미 하나님이 선하지 않다는 전제를 깔고 들어가는 질문이었기 때문입니다. 하와가 동산 중앙에 있는 나무의 과실을 먹지 말라 하셨고 먹으면 죽을 것이라고 말씀하셨다고 답을 하자, 마귀가 죽지 않을 것이라고 거짓말을 하여 하나님의 진실성을 의문하게 합니다. 그리고 그것을 먹지 못하게 한 이유는 그것을 먹으면 하나님과 같아지기 때문이라고 거짓을 말합니다. 결국 금지 명령을 하신 하나님의 선하심을 의심하게 만듭니다. 하나님의 진실성과 선하심을 의심하게 한 마귀의 시험은 바로 하나님을 불신하도록 만드는 것이었습니다. 시험에 무너져 아담과 하와는 타락하였고, 그 후로 모든 인간은 하나님의 교훈에 순종하기를 원하지 않으며 또한 순종할 수 있는 능력도 완전히 상실하게 되었습니다. 물론 그렇다고 하여 인간에게 자연적, 도덕적 선의 흔적이 전혀 남아 있지 않은 것은 아닙니다. 하나님의 긍휼로 일정한 도덕적 선을 원하고 실행할 능력은 타락한 인류에게도 남아 있습니다. 그러나 하나님을 사랑하는 영적인 선의 능력은 완전히 상실하게 되었습니다. 그리하여 아담의 후손들에게 순종을 전제로 하는 생명을 약속하는 행위 언약은 사는 길이 아니라 사실 정죄와 심판의 길이 되었습니다.

사람과 맺으신 둘째 언약: 은혜 언약

그러면 어떻게 할 때 아담의 후손들이 살 수 있을까요? 제7장 3항과 5항은 이렇게 말합니다.

> 타락으로 말미암아 사람은 스스로 언약을 지켜 생명을 얻을 수 없는 자가 되고 말았다. 주님께서는 기쁘게 두 번째 언약을 맺어주셨으니, 이를 가리켜 흔히 은혜 언약이라고 한다. 이 언약으로 주님께서는, 죄인들에게 구원을 받기 위하여 예수 그리스도를 믿을 것을 요구하시고, 생명에 이르도록 예정된 모든 사람들에게 성령을 주셔서 그들로 하여금 기꺼이 믿고자 하며 또 믿을 수 있도록

만들어 주실 것을 약속하심으로, 예수 그리스도로 말미암은 생명과 구원을 자유롭게 주신다(제7장 사람과 맺으신 하나님의 언약 3항).

이 언약은 율법 시대와 복음 시대에 다르게 시행되었다. 율법 아래에서 그것은 약속, 예언, 희생제사, 할례, 유월절 양 그리고 그 밖에 유대인들에게 전달된 다른 예표들과 규례들로 시행되었으며, 이 모든 것들은 오실 그리스도를 미리 나타내는 것들이었다. 하지만 그 당시에는 성령의 역사로 인하여 그것들이 약속된 메시아를 믿는 믿음 안에서 선택된 자들을 가르치고 양육하기에 충분하였으며 유효하였다. 그들은 약속된 메시아를 믿음으로 죄사함을 완전히 받고 영원한 구원을 받는다. 이것을 가리켜 구약이라고 한다(제7장 사람과 맺으신 하나님의 언약 5항).

아담의 타락 이후에 모든 그의 후손들은 행위 언약 아래서 죽음의 심판을 면할 길이 없습니다. 그러나 하나님께서 인간과 두 번째 언약을 기쁘신 뜻에 의하여 맺으셨습니다. 그것이 바로 은혜 언약입니다. 은혜 언약은 앞서 말씀드린 바처럼 영원 전에 성부와 성자 사이에 약속된 구속 언약이 역사 속에서 실현되어 나타난 언약입니다. 이 은혜 언약에 의하여 교회가 세워지게 됩니다.

은혜 언약은 역사 속에서 하나님의 경륜에 따라 두 가지 모습으로 드러납니다. 하나는 구약 교회를 통해서 율법으로, 다른 하나는 신약 교회를 통해서 복음으로 드러납니다. 율법은 그리스도를 미리 보여줍니다. 언약의 약속, 예언, 할례, 유월절 어린 양, 안식일을 비롯한 각종 절기 등은 그리스도의 오심을 바라보도록 하였습니다. 그러나 그것은 복음에 비해서 그림자이었다는 한계가 있습니다. 그러나 율법도 그리스도의 구속 사역을 예표하며 교회를 세운다는 면에서 신약의 복음과 더불어 본질상 동일한 은혜 언약입니다.

은혜 언약이 은혜인 까닭은 율법의 순종을 통한 행위의 공로가 아니라 예수 그리스도를 믿음으로 구원을 베푸신다는 사실에 있습니다. 그런데 그것에 그치는 것이 아닙니다. 은혜 언약이 은혜인 까닭은 그리스도를 믿는 믿음도 또한 하나님께서 주신다는 데 있습니다. 신앙고백이 말하고 있듯이 생명에 이르도록 예정된 모든 사람들이 그리스도를 믿을 수 있게 되는 까닭은 하나님께서 그들로 믿을 수 있게 성령을 주신다는 데 있습니다. 그 결과로 하나님의 선택을 받은 자들은 그리스도를 믿고 그리스도께서 주시는 생명과 구원을 누리게 됩니다.

하나님께서는 은혜 언약의 실행을 통해 교회를 모으시고, 또 교회를 통해 은혜 언약을 실행해 가십니다. 즉 교회에 주신 사명을 통해 은혜 언약이 선포되고 적용되는 구속 사역을 이루어가십니다. 교회는 그러한 의미에서 은혜 언약의 실행 수단이며 방편이라고 할 수 있습니다. 하나님께서 은혜 언약의 복, 곧 구원의 복을 베푸시기 위하여 교회에 명하신 방편은 설교와 성례입니다. 복음을 선포하는 설교와 성례의 적법한 시행은 하나님께서 세우신 기관인 교회의 본질적 표지가 됩니다.

언약의 실행을 위하여 신약 교회에 주신 은혜의 방편

은혜의 두 방편: 말씀 설교와 성례

신약 교회에 주신 은혜의 방편에는 두 가지가 있습니다. 그것은 말씀 설교와 성례입니다.

> 실체이신 그리스도께서 나타나신 복음 아래에서, 이 언약이 실행되는 규례들은 말씀의 설교, 그리고 세례와 성찬이라는 성례를 시행하는 일이다. 이것들은 수도 적고, 더욱 단순하며 그리고 외적인 영광은 적지만, 그러나 그것들을 가지고 유대인들과 이방인들 모두, 모든 열방들에게 증거와 영적인 효력을 더욱 충만하게 제시한다. 이를 가리켜 신약이라고 한다. 그러므로 본질상 다른 두 개의 은혜 언약이 있는 것이 아니라, 다른 시대의 경륜 아래 동일한 하나가 있는 것이다(제7장 사람에게 하신 하나님의 언약 6항).

교회를 생각할 때 가장 중요한 것은 신앙고백의 본 항목에서 교훈하고 있는 바와 같이, 말씀의 설교 그리고 성례, 곧 세례와 성찬의 규례를 교회에 주셨다는 사실입니다. 하나님께서는 이 두 규례들을 통해서 복음을 전하고 은혜 언약에 따라 선택된 백성들을 불러 은혜의 구원을 베푸십니다. 특별히 교회가 선포하여야 하는 하나님의 말씀이란 다름 아닌 예수 그리스도입니다. 예수님께서 시편과 선지서와 율법서에 기록된 모든 것이 나를 가리켜 말한 것이라고 말씀하신 것처럼 교회에서 설교되는 모든 말씀은 오직 그리스도를 가리켜 말하는 선포의 말씀이어야 합니다.

그리스도를 말한다는 것은 그리스도의 필요성을 말하는 것, 영원한 형벌 아래 있는 죄인의 비참함, 그리고 하나님의 크신 긍휼 등을 성경에서 찾아 밝히는 것을 포함합니다. 예를 들어 구약의 사사기에는 예수 그리스도에 대한 언급이 나타나지 않지만, 하나님의 언약 백성들이라 할지라도 그들 스스로 하나님의 은혜에서 떠나면 얼마나 비참한 죄의 상태에 있는가를 보여줌으로 오직 그리스도의 은혜만이 구원의 유일한 길임을 깨닫게 합니다. 이러한 사실을 선포함으로 교회는 그리스도의 복음을 선포하는 사명을 충실하게 감당하며 교회로서의 본질을 지켜갑니다.

말씀의 설교와 성례의 시행이라는 두 규례들 이외에 다른 어떤 규례들을 새롭게 더하는 새로운 교회는 성경에 약속된 바가 없다는 사실을 상기할 필요가 있습니다. 다시 말해서, 교회가 아무리 도덕적으로 부패해도 또 신학적 진리에서 이탈되는 일이 교회 안에 팽배한다 할지라도 지금 우리가 알고 있는 이 교회 외에 다른 교회는 없습니다. 교회는 주님께서 다시 오실 때까지 우리가 아는 현재의 신약 교회일 뿐입니다.

말씀 설교

웨스트민스터 신앙고백서 제25장 교회 4항에서 은혜의 한 방편인 말씀 설교에 대하여 이렇게 진술합니다.

> 이 보편적 교회는 때로는 더 가시적이고 때로는 덜 가시적이다. 그리고 보편적 교회에 속한 지교회들은 복음의 교리가 가르쳐지고 받아들여지는 정도에 따라서 그리고 성례가 시행되는 정도에 따라서 순수성의 정도가 차이가 난다. 그리고 그것에 따라서 교회에서 행하는 공예배의 순수성도 정도의 차이가 나타난다(제25장 교회 4항).

교회는 사람이 보기에는 다 똑같아 보이지만, 하나님이 보시기에는 그렇지 않습니다. 어떤 교회는 더욱 교회 같고, 다른 어떤 교회는 교회다움이 현저히 부족할 수 있습니다. 교회가 교회다울수록 교회 회원의 구원의 확실성이 분명해집니다. 교회가 교회답지 않을수록 모인 무리의 수와 관계없이 구원의 능력은 약합니다. 그래서 시대가 어두우면 구원받은 자는 남은 자 소수가 되고 맙니다.

구약의 엘리야나 예레미야의 통곡과 탄식이 그러한 국면을 보여줍니다.

오늘날 한국교회는 연약합니다. 우리는 이러한 상태에 대해 어떠한 태도를 가져야 할까요? 우선 연약한 한국교회를 향하여 아픔을 갖고 사랑하며 기도해야 합니다. 또한 현재 교회가 어떠한 상태에 있는지를 살펴보아야 합니다. 교회가 성숙함과 순수성에 있어서 다양하다는 사실은 어떤 교회가 연약하다고 하여 그 교회를 부정하거나 정죄하지 않도록 주의하여야 합니다. 교회는 개혁될 필요는 있지만, 그 교회가 그리스도의 진리를 부정하지 않는 한, 결코 부정하거나 정죄할 대상은 아닙니다. 우리는 정죄할 위치가 아니라 오히려 교회의 연약성을 아파하고 사랑해야할 책임이 있습니다.

오늘날 한국교회에 관한 여러 소식들이 우리의 마음을 참 아프게 합니다. 그러할 때 우리는 자신을 돌아보아야 합니다. 한국교회와 관련한 가슴 아픈 소식들에 비추어 우리 자신들은 얼마나 더 나은가를 생각해 보아야 합니다. 교회는 추상적인 기관이 아니라, 바로 교회를 구성하고 있는 교인 개개인을 통해 드러납니다. 바로 우리 개개인이 사랑으로 품어야 할 개혁의 대상이라는 것을 말합니다.

세례와 성찬

은혜의 방편인 세례와 성찬 이 둘을 성례라고 합니다. 그러면 웨스트민스터 신앙고백서가 성례를 무엇이라고 진술하는지 그리고 세례와 성찬에 대하여 무엇이라고 고백하는지 먼저 해당되는 성례와 세례에 관한 조항을 차례로 읽겠습니다.

성례는 은혜 언약의 거룩한 표지이자 인침이며, 하나님께서 직접 제정하신 것이고, 그리스도와 그의 은택들을 나타내며, 그리스도 안에서 우리가 누리는 유익을 확증해 준다. 성례는 또한 교회에 속한 사람들과 세상에 속한 다른 사람들 사이에 가시적으로 차이를 만들며, 그리스도의 말씀에 따라 성심을 다해 그리스도 안에서 하나님을 섬기도록 한다(제27장 성례 1항).

세례는 신약의 성례이며 예수 그리스도께서 제정하신 것이다. 그것은 세례 받은 사람이 보이는 교회에 들어오는 엄숙한 의미일 뿐만 아니라, 그에게 은혜 언약의 표지와 인침을 준다. 그는 그리스도에 접붙임을 받아, 중생하여, 그리스도를 통하여 하나님께 자신을 드리고, 새로운 생활을 하는 자라는 표지와 인침을 준다. 이 성례는 그리스도께서 제정하신 바에 의하여 교회에서 세상 끝 날까지 계속되어야 한다(제28장 세례 1항).

성례는 은혜 언약의 거룩한 표지이자 인침이며, 세상에 속한 사람들과 교회 회원을 구분하여 줍니다. 그렇기 때문에 교회는 교인이 신자임을 확인하고 신자임이 분명하다면 그에게 성례를 베풀어 세상에 속한 자가 아님을 드러내고 그리스도만 섬기게 합니다. 이러한 직무는 교회에 있어서 본질적인 것입니다. 그러나 성례는 구원을 주는 것이 아닙니다. 예를 들어, 세례는 중생케 하는 것이 아닙니다. 즉 세례 받아 중생케 된 것이 아니라 중생한 자에게 베푸는 것이 세례입니다. 중생한 자의 신앙고백을 가진 사람으로 분별되어 교회의 회원으로 받아들일 때, 그에게 베푸는 교회의 가입 의식이며 교회의 회원으로 굳건하게 서서 그리스도를 섬기도록 격려하는 역할을 합니다.

세례 자체는 구원에 이르게 할 믿음을 일으키게 하는 것이 아니고, 세례가 주어질 때 말씀으로 이미 주어진 믿음이 그 세례를 통해서 자신이 받는 구원의 원리를 깨닫습니다. 그것은 마치 물로 몸을 깨끗이 하듯 하나님의 성령과 은혜로 그리스도의 보혈이 자신을 깨끗케 하셨다는 사실을 깨닫게 되는 것입니다. 그로 인하여 믿음으로 받아들인 구원의 은혜를 더욱 더 실감나게 강화하게 됩니다. 세례는 구원 받은 믿음을 강화시키는 것이지, 믿음 자체를 주는 게 아닙니다.

다음으로는 성찬에 관한 내용입니다.

우리 주 예수께서 잡히시던 밤에, 주의 만찬이라고 불리는, 그의 몸과 피의 성례를 제정하셔서, 그의 교회로 하여금 그가 죽음으로 자신을 희생 제물로 드린 것을 세상 끝 날까지 영속적으로 기념하도록 하셨다. 그것은 참된 신자들에게 주시는 모든 은택들과, 그리스도 안에서 그들이 영적인 영양분을 먹고 자라는 것과, 그리스도에게 마땅히 해야 하는 모든 의무들을 감당하는 것의 인침이다. 그것은 신자들이 그리스도와 교통하며, 또한 그의 신비로운 몸의 지체로서 서로 교통하는 끈이며 보증이다(제29장 성찬 1항).

세례와 마찬가지로 성찬은 성례로서 그리스도의 은혜의 표지이며 인침입니다. 그것은 그리스도께서 자신의 몸과 피를 희생 제물로 드려 그에게 참여하는 자에게 구원을 베푸신다는 은혜의 복음을 상징합니다. 이것에 참여함으로써 그리스도와 연합하여 그와 교통하며, 또한 함께 그리스도께로 연합된 지체들과 서로 연합합니다. 성찬은 이러한 사실을 확인하는 끈이며 또한 보증입니다.

이처럼 하나님께서는 영원 전에 세우신 구속 언약을 이 땅에서 은혜 언약으로 실현해 나가시면서, 예수 그리스도의 십자가 사역과 부활에 기초하여 말씀을 가르치고 세례와 성찬을 베풀게 함으로, 믿음을 일으켜 세우시고, 강화시키시는 등, 어떻게 하든지 이 교회에 은혜를 베풀어 영의 꼴을 먹이기를 절실히 원하십니다.

참 교회와 거짓 교회

그러므로 이 땅의 교회가 건강하기 위하여서는 오직 하나님 말씀에 철저히 서 있어야 합니다. 그렇지 않으면 거짓 교회가 될 수도 있습니다.

> 하늘 아래에서 제 아무리 가장 순수한 교회라고 하더라도 불순함과 오류가 없지 않다. 어떤 교회들은 그리스도의 교회가 결코 되지 못하고 오히려 사탄의 집단이라 할 정도로 심히 타락하였다. 그럼에도 불구하고, 지상에는 하나님을 그의 뜻대로 예배하는 교회가 항상 있을 것이다(제25장 교회 5항).

얼마나 하나님의 은혜가 큰지 모릅니다. 이 지상에 있는 교회들이 제 아무리 타락한다고 하더라도, 하나님께서는 항상 하나님을 그의 뜻대로 예배하는 교회를 남겨두십니다. 그뿐 아니라 교회들은 앞서 말한 바와 같이 진리의 말씀에 있어서 정도의 차이가 있으며 그것에 따라 순수성의 차이도 있습니다. 게다가 가장 순수한 교회라도 불순함과 오류가 없는 교회는 없습니다. 아주 타락해 버리면 사탄의 집단이라 할 만큼 타락한 교회도 있는 법입니다. 그렇게 되면 더 이상 교회가 아닙니다. 구원의 능력이 아니라 멸망의 능력을 나타낼 따름입니다.

이러한 사실은 우리를 겸손하게 합니다. 여러분의 교회가 아무리 하나님의 말씀을 잘 가르치고 선포하고 있다고 하더라도 불순함과 오류와 오염이 없지 않다는 사실에 늘 자신을 하나님의 말씀에 의해 돌아보아야 합니다. 모름지기 성도는 교회를 사랑하고, 목사의 말씀 사역을 위해서 기도하며 말씀을 알고자 하는 간절함을 가져야 합니다. 그리고 깨달은 말씀을 송이 꿀처럼 달게 들어야 합니다.

성도의 교통

교회는 조직체로만 끝나지 않고 유기체로서 성도의 교통이라는 특성을 갖습니다.

> 모든 성도들의 머리이신 예수 그리스도와, 예수 그리스도의 영에 의하여, 그리고 믿음에 의하여, 연합한 자들은 그의 은혜와 고난과 죽음과 부활과 영광에 참여한다. 그리고 사랑 안에서 서로 연합되어 있는 성도들은 서로의 은사와 은혜를 나누며, 영육 모두에 있어서 서로에게 선을 이루는 데 도움 되는 일들을 공적으로나 개인적으로 행하여야 한다(제26장 성도들의 교통 1항).

교회는 그리스도를 머리로 하며 그 아래에 하나님 말씀과 성례를 통해 하나로 모여서 은혜를 받아 누리며 성령의 열매를 맺고 나누어야 합니다. 성도의 교통에 관하여 웨스트민스터 신앙고백서는 유기체로서의 교회의 특성을 잘 표현하고 있습니다. 그것의 요점에 따르면 모든 성도들은 성령에 의하여, 그리고 믿음으로 말미암아 그들의 머리이신 예수 그리스도와 연합되어 있고, 성도들은 서로 사랑으로 연합되어 있어서 서로 돌아보아야 합니다. 성도들의 사랑의 교통이 교회 안에 충만해져야 합니다. 말하자면 어떤 시험거리가 일어나다가도 성도의 교통의 원리에 따라 슬며시 사라져야 합니다. 교회에 시험거리가 없을 수 없지만, 그러한 일이 발생하면 말씀과 기도로 무장된 교회 안에서는 그러한 시험거리가 사라져야 합니다. 이러한 문제가 다른 모임에서 있었다면 시끄럽게 다투었을 터인데, 교회라 그런지 조용히 그리고 선한 결론으로 매듭이 이루어지는구나! 이러한 평판이 나타나기를 힘써야 합니다. 더 나아가 서로의 형편을 돌아보고 영적으로나 육적으로나 서로 도움이 될 만한 일을 행하여야 하는 의무를 나누어 실행하여야 합니다. 이것이 교회로서의 더없이 중요한 본질적인 특성입니다.

삼위일체 하나님의 언약과 교회 그리고 구원의 완성

보이는 교회에 속한 의인도 다 죽음을 맞이할 것입니다. 이 땅에서 수고를 그치고 하나님께서 은혜로 베푸시는 구원의 완성의 상태에 이르게 될 것입니다. 그 사후 상태와 부활과 최후 심판에 대하여 살펴보겠습니다. 먼저 사후 상태에 대하여 웨스트민스터 신앙고백서는 이렇게 말하고 있습니다.

죽은 후에 사람들의 몸은 티끌로 돌아가며 부패한다. 그러나 그들의 영혼들은 (죽거나 잠을 자지 않으며) 불멸의 상태로 지속되며, 그것들을 주신 하나님에게로 즉각 돌아간다. 의인의 영혼들은 그때 완전히 거룩하게 되며 가장 높은 하늘에 이르도록 영접을 받는다. 거기에서 그들은 빛과 영광 가운데 하나님의 얼굴을 뵈옵고, 그들의 몸의 완전한 구속을 기다린다. 그리고 악인들의 영혼들은 지옥에 던져지며, 고통과 완전한 어둠 속에, 큰 날의 심판을 받도록 남겨진다. 이 두 장소 이외에, 몸에서 분리된 영혼들과 관련한 다른 장소를 성경은 인정하지 않는다(제32장 인간의 사후 상태와 죽은 자의 부활 1항).

자, 이렇게 하나님께서 세우신 교회에 속하여 살다가 우리 모두는 마침내 다 죽습니다. 그렇게 죽은 후에, 어떤 일이 우리에게 벌어질까요? 죽으면 영혼이 가게 될 두 가지 길이 있습니다. 하나는 의인의 영혼을 위한 길이고 다른 하나는 악인의 영혼을 위한 길입니다. 여러분들은 보이는 교회의 참된 신자로서 의인이기 때문에, 다시 말해서 그리스도의 의로 말미암아 의롭게 된 의인이기 때문에, 여러분의 영혼은 죽고 난 뒤에 어디로 갑니까? 낙원으로 갑니다. 낙원이란, 다시 말해서, 하늘에 있는 천상의 교회를 말합니다. 여러분의 영혼은 먼저 죽은 모든 성도들이 가 있는 교회로 즉각적으로 옮겨집니다. 하나님의 영원한 선택을 받은 보이지 않는 회원들이 이 땅에 있는 동안 열심히 그리스도의 은혜 가운데 살다가 죽은 다음에 육체는 땅에 묻히고 영혼은 바로 천상 교회로 옮겨가는 것입니다.

그 천상 교회는 지극히 영광스러운 곳입니다. 천상 교회에 이른 성도의 영혼은 하나님께서 빛과 영광으로 계신 그 하늘 보좌로 바로 가게 됩니다. 하나님이 계신 그곳은 예수 그리스도께서 영광의 부활의 몸을 입고 계신 바로 그곳입니다. 그곳으로 즉각적으로 옮겨집니다. 중간에 어떤 절차나 시험이 없습니다. 이 땅에서 살다가 마침내 육체의 생명이 끝나면 짧게 살건 길게 살건, 이 땅에 자기 뜻을 이루고 살건 그렇지 못하건 예수 안에 있는 사람은 즉각적으로 낙원으로 갑니다.

낙원에 들어가기 전에 거쳐 가야 하는 장소 같은 것은 전혀 없습니다. 말하자면 '낙원에 들어가기 전에 이 지상에서 죄 지은 것 다 씻고 가야 되니까 연옥 같은 데 좀 있다가 가야 한다'고 가르치는 로마 가톨릭의 주장은 잘못된 것입니다. 연옥 같은 그런 중간 단계란 결코 없습니다. 연옥이란 성경에 근거가 없는 잘못된 주장입니다. 의인의 영혼은 즉각적으로 낙원에 이르러 주님과 함께 거합니다.

그러면 교회에 속하지 않은 사람은 어떻게 될까요? 즉각적으로 악인의 처소인 지옥에 던져집니다. 거기서 고통을 맛보며 영원한 심판을 기다리게 됩니다. 마지막 날에 부활하게 될 때, 불의한 자들은 부활의 몸을 입고 영원토록 영육간의 수치와 고통을 당하게 될 것입니다. 그러나 보이는 교회에 속한 의인은 부활의 거룩한 몸을 입고 주님과 함께 영광을 누리게 됩니다.

> 불의한 자의 몸은 그리스도의 권세로 부활하여 수치를 당하게 될 것이다. 의인의 몸은 성령에 의해 부활하여 존귀함을 받게 될 것이며, 영광스러운 몸에 합당하게 될 것이다(제32장 인간의 사후 상태와 죽은 자의 부활 3항)

여러분, 부활의 몸을 갖고 싶지요? 그런데 생각해 보세요. 우리가 죽은 다음에 우리의 영혼이 어디로 간다고 했습니까? 낙원입니다. 그 낙원이 곧 천국입니다. 그곳은 빛과 영광이 충만한 곳입니다. 그러면 그것으로 충분하지 않을까요? 굳이 몸을 다시 갖고 싶어 하겠습니까? 그런데 낙원에 이른 의인의 영혼은 부활의 몸을 몹시 갖고 싶어 할 것입니다.

인간이란 영혼과 몸이 결합된 존재입니다. 하나님께서 우리를 천사와 다른 존재로 만드셨습니다. 천사는 몸이 없습니다. 그러나 우리는 몸과 영혼이 하나로 결합되어 만들어졌습니다. 몸을 통하여 영혼이 경험하고 영혼의 생각을 몸을 통해 실현해 나가는 그런 몸과 영혼의 유기적인 한 통일체로 만들어졌습니다. 그래서 몸은 없어도 영혼은 의식이 있고 인격성을 갖고 활동을 하며 비로소 몸을 가질 때 완전해집니다.

그런데 그것만이 아닙니다. 그곳에 가면 누구를 보게 됩니까? 예수님을 보잖아요. 부활의 영광의 몸을 가지고 계신 예수님을 뵙게 됩니다. '와! 멋있다. 정말 좋구나. 나도 영광된 거룩한 몸을 갖고 싶다.' 이러한 소망으로 주님의 재림과 함께 있을 마지막 날의 부활과 심판을 기다리게 됩니다.

> 하나님께서 이 날을 정하신 목적은 선택한 사람들에게 영원한 구원을 베푸시는 가운데 그의 긍휼의 영광을 나타내기 위함이며, 또한 악하고 불순종하는 유기된 자들을 정죄하시는 가운데 그의 공의의 영광을 나타내기 위함이다. 그때에 의인들은 영원한 생명으로 들어가서 주님의 존전에서 나오는 충만한 기쁨과 회복을 받게 될 것이다. 그러나 하나님을 알지 못하며 예수 그리스도의 복음에 순종하지 않는 악한 자들은 영원한 고통 속에 던져질 것이며, 주님의 존전에서 그리고 그의 영광스런 권세에서 나오는 영원한 멸망의 형벌을 받게 될 것이다(제33장 최후의 심판 2항).

마지막 날에 최후의 심판이 있습니다. 최후의 심판이 임하는 날이 되면, 보이지 않는 교회의 회원인 선택을 받은 사람들은 이제 보이는 교회의 회원과 일치가 됩니다. 마지막 날에 있을 최후의 심판대 앞에 가게 되면, 한쪽 편에는 부활의 영광의 몸을 입고 있는 선택을 받은 모든 하나님의 백성들이 자리를 합니다. 다른 한쪽 편에는 선택을 받지 못한 악한 자들의 영혼이 부활의 몸을 입고 자리를 잡습니다. 이처럼 최후의 심판을 받으면 영원한 구분이 이루어집니다. 두렵지 않습니까? 혹시라도 영원한 멸망을 두려워하시는 분은 여러분 가운데 안 계시겠지요? 만일 그런 분이 계시다면 이 사실을 기억하기 바랍니다.

여러분이 진실한 믿음의 소유자라면 최후의 심판을 두려워해야 할 아무런 이유가 없습니다. 교회의 회원들인 우리들에게 있어서 이 최후의 심판은 '착하고 수고한 종아, 이제 내가 예비한 천국에서 영원한 잔치에 들어오라'는 칭찬의 말을 듣는 자리입니다. 주님께서 인정할 만한 어떤 수고가 내게 있다면, 그것은 주님께서 베푸신 은혜를 받아 누린 것일 뿐이지 않습니까? 최후의 심판은 이 은혜를 입은 우리들 각각에게 그것이 마치 우리 스스로 행한 것인 양, 칭찬과 상을 베풀어 주는 자리입니다. 그날에 많은 칭찬과 상을 받으시기 바랍니다. 어떤 의미에서 주님의 칭찬을 받지 못하는 사람은 한 사람도 없을 것입니다. 왜냐하면 선택을 받은 사람들은 예외 없이 성령 하나님께서 그들 각각의 심령 안에 내주하시기 때문입니다.

그러면 칭찬과 상은 무엇일까요? 그것은 다른 게 아니고 하나님을 알아가는 큰 기쁨입니다. 흔히들 말하는 세속적 욕망을 자극하는 식의 상급, 즉 물질의 풍요가 아닙니다. 넓은 아파트 평수가 아니며, 좋은 차도 아니며, 황금을 손에 쥐는 것도 아닙니다. 단지 그것은 하나님을 알아가는 기쁨을 족히 누리는 것입니다. 여러분에게 여쭈겠습니다. 여러분은 하나님을 알아가는 그 기쁨을 누리기를 바라십니까? 이 땅에 사는 즐거움이 너무 좋아서 하나님 아는 기쁨이 별로 필요가 없으십니까? 만일 그렇다면 그러한 정서는 결코 성도의 것이 아닙니다. 참된 성도라면 하나님 알아가는 기쁨을 너무나 사모합니다.

예를 들어 봅시다. 여러분, 하나님을 예배할 때 심령에 밀려오는 은혜의 느낌을 아시지요? 그때 내 영혼이 꿀맛으로 충만하고, 내 마음이 달달하다 싶을 만큼 마음에 누려지는 그 기쁨을 아시지요? 하나님께서 주시는 상이란 바로 그 기쁨이 충만하게 주어지는 것입니다. 하나님을 알아가기를 사모하는 자에게, 주를 사모하고 주의 말씀을 사모하고 날마다 주의 말씀 앞에 묵상하며 그 말씀을 사랑하는 자들에게, 충성되게 주를 위해 수고한 자들에게, 영혼의 구원을 위해서 전도하며 힘쓰면서 한 영혼이 돌아오는 것을 기뻐했던 주님의 마음을 아는 자에게, 우리 하나님 아버지께서 칭찬하며 상을 주십니다. 바로 하나님의 마음이 그러한 자들과 함께 계시기 때문입니다. 이 땅에서 하나님을 사모하면 사모할수록, 하늘에서 받을 상은 더욱 더 커집니다. 하나님을 사모하며 주님의 교훈에 충성된 자들에게 하나님께서 더욱 더 많이 그를 알아가는 기쁨을 상으로 주실 것이기 때문입니다.

그래서 이 땅에서 교회의 회원으로 부름을 받았다는 것은 말할 수 없는 크나큰 감사입니다. 하나님을 많이 사랑하시기 바랍니다. 교회를 사랑하시기 바랍니다. 교회의 회원으로 성경을 열심히 읽고, 주님의 교훈에 따라 살기를 힘쓰면서 주님의 도움을 기도로 구하시기 바랍니다. 이미 이 땅에서 교회를 통해 영적 기쁨을 누리게 될 것입니다. 좀 더 구체적으로 교회의 회원은 어떻게 살아야 하는지 마지막으로 정리해 보겠습니다.

교회의 회원인 교인은 어떠한 믿음으로 살 것인가?

첫째로, 은혜의 방편을 사모하며, 말씀을 배우며, 은혜 언약 안에서 쉼을 누리라는 것입니다.

> 선택을 받은 자들이 자신들의 영혼의 구원에 이르게 되는 믿음을 가질 수 있도록 하는 믿음의 은혜는 그들의 심령 안에서 그리스도의 영이 활동함으로 인한 것이며, 통상적으로 말씀의 사역에 의하여 일어난다. 이것으로 인하여 또한 그리고 성례의 시행과 기도로 인하여 믿음의 은혜는 증가되며 강화된다(제14장 구원에 이르는 믿음 1항).

이 믿음으로 그리스도인은 하나님의 말씀에 계시된 것은 무엇이든지 참되다고 믿는다. 그것은 말씀 안에서 스스로 말씀하시는 하나님의 권위 때문이다. 그리고 말씀의 각 구절이 담고 있는 것에 따라 다르게 반응한다. 명령에 대해서는 순종을 하며, 경고의 말씀에 대해서는 두려워 떨며, 이생과 다가올 내세를 위한 하나님의 약속을 담아둔다. 그러나 구원하는 믿음의 으뜸가는 활동은 칭의, 성화, 그리고 영생을 얻기 위하여, 은혜 언약에 힘입어, 오직 그리스도만을 인정하고 영접하며 그에게 의지하여 쉼을 얻는 것이다 (제14장 구원에 이르는 믿음 2항).

이토록 영광스러운 교회의 회원으로서 각각의 교인은 어떤 믿음으로 살아야 하겠습니까? 보이는 교회 안에서 주신 은혜의 방편인 말씀과 성례를 사모하여야 합니다. 그리고 교회에서 가르치는 말씀을 경청해 듣고 배우고 순종하며, 그리스도 안에서 쉼을 얻는 기쁨을 누리는 것입니다. 이러한 모든 구원의 은총이 하나님께서 그리스도 안에서 베푸시는 언약, 곧 은혜 언약의 실행을 통해 주어집니다. 은혜 언약을 통해 이 땅에서 누리는 가장 큰 은혜의 정점은 그리스도 안에서 누리는 평강입니다.

사랑하는 여러분, 여러분의 모든 짐을 그리스도에게 내려놓으시기 바랍니다. 무엇보다도 죄의 짐을 내려놓으시기 바랍니다. 여러분, 아무리 훌륭한 신자라도, 은혜 가운데 충만하다가도, 그만 실족하여 죄를 범할 수 있습니다. 그때 마귀는 여러분에게 그 실족한 허물을 근거로 "그러니까 너는 하나님이 택한 사람이 아니다. 네 행위가 그것을 입증하였다. 네가 받은 그동안의 은혜를 보라. 평생 은혜를 받았지 않았나? 그런데 그러한 네가 하나님을 그렇게 배반할 수 있는가? 너같이 배은망덕한 자는 역사 속에 없을 것이다"라고 공격해 올 것입니다. 아마도 그럴 때 여러분 스스로 그러한 마귀의 공격에 대응을 못 하고 심히 자책하며 무너질 수 있습니다.

그러나 여러분, 그러한 자책이 아무리 강해도 마귀의 조롱과 비방에 무너져 그리스도의 신앙을 떠나면 안 됩니다. 오히려 그럴 때 유일한 구원의 길은 주님뿐입니다. 주님께서는 여러분이 주님 앞에 나오기를 기다리십니다. 그때가 주님 앞에 나올 때인 것입니다. 은혜를 아는 성도는 바로 이때 주님 앞에 엎드립니다. '주님, 너무 부끄럽고 죄송하기 그지없습니다. 제가 죄를 범하여 주님 앞에 나올 수가 없습니다. 그러나 참으로 죄송하고 뻔뻔스럽지만, 실로 이 뻔뻔하며 후안무치하며 배은망덕한 죄인이 주님 앞에 엎드립니다. 오직 주님의 십자가를 바라며 엎드립니다. 주님의 십자가는 모든 허물을 덮고 어떤 허물이라도 가리는 줄 알고 용서를 구하며 용서하심을 믿고 확신하며 주님 앞에 엎드립니다.' 이것이 신자의 믿음입니다. 신자의 믿음이란 결국 뻔뻔하지만 회개의 마음으로 주님의 십자가 긍휼을 붙드는 죄인의 믿음인 것입니다.

사랑하는 여러분, 꼭 믿으시기 바랍니다. 주님께서 절대로 용서하지 않으시는 죄, 또 용서하지 못하실 죄란 없습니다. 회개하면 어떤 죄도 용서를 받습니다. 어느 때라도 회개하며 용서를 구하면 사죄를 받습니다. 그래서는 절대로 안 되겠지만, 만일 혹시라도 배도를 한 일이 있게 될 때라도, 다시 한 번 회개하시기 바랍니다. 혹시라도 눈앞에 보이는 이익과 쾌락 때문에 "하나님은 안 계시다. 예수님을 믿으면 구원을 받는다는 말을 어떻게 믿으란 말이냐?"라고 신앙을 거부하고, 성경책을 찢어버리고 난리를 친 일이 있다고 합시다. 용서를 받겠습니까? 그러나 만일 여러분 마음에 "주님 앞에 가서 회개하여야 되겠는데, 나 같은 죄인도 주님께서 용서하실까?"라는 생각이 들면, 주저하지 말고 그 순간이 성령님께서 주신 기회인줄 알고 바로 엎드리시기 바랍니다. 그러면 여러분은 걷잡을 수 없는 감격 속에서 펑펑 울며, 정말로 모든 걸 덮으시는 그리스도 십자가 보혈의 그 무궁한 은혜를 만끽하게 될 것입니다. 절대 의심하지 마시고 흔들리지 마시기 바랍니다. 반드시 그리스도 안에서 죄의 짐을 맡기고, 먹고 사는 인생의 짐도 맡기고, 하나님 말씀에 의지하며 기도하며 버티시기 바랍니다. 그리고 너무 모든 것들을 스스로 결정하려고 하지 마시고, 섭리 가운데 살아가시는 믿음의 지혜를 배우시기 바랍니다.

둘째로, 참된 구원의 확신에 이르기에 힘쓰라는 것입니다.

잘못되는 일이 결코 없는 확신은 신앙의 본질에 속한 것이 아니라, 참된 신자라 할지라도 그러한 확신을 갖게 되기까지 오래 기다리며 많은 어려움들로 인해 갈등을 겪을 수가 있다. 그러나 하나님으로부터 그에게 값없이 주어지는 것들을 성령에 의하여 알 수 있게 됨으로써, 특별한 계시가 없이, 통상적인 수단을 올바르게 사용하는 것으로 확신에 이를 수가 있다. 그리고 각 사람은 그의 부르심과 선택을 확실하게 하기 위하여 부지런하여야 할 의무가 있다. 그럼으로써 그의 심령은 성령 안에서 평강과 기쁨으로, 하나님께 대한 사랑과 감사함으로, 힘차게 그리고 즐겁게 순종의 의무를 행함으로, 곧 확신의 열매로 가득 차게 된다. 그리하여 결코 방종으로 빠지는 성향을 가질 수가 없다(제18장 은혜와 구원의 확신 3항).

참된 신자들이라도 구원의 확신이 여러 가지 방식으로 흔들리고, 줄어들며, 중단될 수 있다. 이러한 일들은, 구원의 확신을 보존하는 일을 소홀히 함으로써, 양심에 상처를 주고 성령을 근심케 하는 특별한 죄를 범함으로써, 또 갑작스러운 격렬한 시험으로 인하여, 하나님께서 그의 얼굴의 빛을 거두어들이심으로 인하여, 어둠 속에서 빛도 없이 걸어야 하는 두려움과 같은 고통으로 인하여 나타날 수 있다. 그러나 그들은 하나님의 씨앗, 믿음의 생명, 그리스도와 형제들을 향한 사랑, 심령의 신실함, 의무감 등을 완전히 잃어버리는 일이 없다. 이러한 것들로부터 적절한 때가 되면 성령의 활동으로 인하여 이러한 확신이 다시 살아날 수 있다. 그리고 그러기 전이라도 이러한 것들에 의하여 완전한 절망에서 도움을 받는다(제14장 구원에 이르는 믿음 4항).

교인의 의무를 성실히 다하면 이 땅에서 하늘의 영광을 소망하며 기쁨 가운데 살아가는 행복을 누립니다. 그것이 곧 구원의 확신입니다. 신자들 가운데 구원의 확신으로 인한 기쁨과 평강을 맛보지 못하는 이들이 많습니다. 그래서 구원을 확신하는가라고 질문을 받으면 자신이 없고 또 사실 마음속에서는 두려움도 일어납니다. 왜 그렇겠습니까? 죄 때문입니다. 구원의 확신이 있나 하고 자기 마음을 들쳐보니까 뭐가 보입니까? 죄가 보이지 않습니까? 구원받은 자라 자부하기에는 사실 부끄러운 죄가 보이지 않습니까?

그러나 여러분, 구원의 확신은 자신에게 죄가 있다고 하여 흔들리거나 부인될 수 있는 것이 아닙니다. 잘 이해하시기 바랍니다. 자신이 구원받은 자인가에 대한 확신은 무엇보다도 하나님께서는 신실하시고 전능하시니까 그리스도 안에서 약속하신 것은 반드시 지키신다는 객관적 확신에 근거합니다. 그리고 또한 그러한 약속의 확신에 따라 그리스도 안에서 믿는 자에게 구원을 주시는 하나님의 약속을 믿는 나에게 진실로 구원이 이루어졌다는 주관적 확신으로 확인됩니다.

그런데 문제는 주관적 확신입니다. 자신을 들여다보니까 아, 죄가 있는 것입니다. 그럴 때 '이 죄가 해결되기 전에는 난 아직 구원받은 사람이 아닐 것 같은데?'라고 생각하지 말아야 합니다. 왜냐하면 만일 그러한 죄의 문제를 해결해야만 자신의 구원을 확신할 수 있는 것이라면, 그 구원은 자기 자신에 의하여 이루어지는 것이지, 결코 그리스도의 긍휼로 용서받는 것이 아니기 때문입니다. 예수 십자가만이 생명인 이유는, 마침내 이 세상에서 삶을 마치고 낙원에 이를 때까지, 이 세상에 사는 동안 누구라도 죄인이라는 사실 때문입니다. 이 땅에 사는 동안 평생 죄를 피할 수 없는 우리의 무력 때문에 십자가의 긍휼을 자랑하는 것입니다. 그러니까 내가 이제 예수 믿고 죄를 범하지 않는 거룩한 자가 되었음을 자랑할 수 있는 자는 아무도 없습니다. 성도가 거룩한 삶을 살아야 한다는 것, 또 참된 신자가 거룩한 삶의 열매를 맺는다는 것은 사실입니다.

그러나 이러한 사실이, 예수를 믿는 사람들은 처음에는 죄인이었기 때문에 십자가가 필요했지만, 용서를 받은 후에는 거룩한 생활을 하게 되어, 이제는 더 이상 십자가를 필요하지 않게 된다고 말하는 것이 절대로 아닙니다. 신자는 평생 죽을 때까지 자신이 죄인인 줄을 아는 사람이며, 그렇기 때문에 평생 사는 동안 오직 십자가만을 붙드는 사람입니다. 따라서 자신을 들여다보니까 죄가 있다는 이유 때문에 구원의 확신을 갖지 못하거나 흔들려서는 안 됩니다.

그렇다고 입으로만 신자임을 고백하고 심령의 변화는 없고 회개 생활도 안하면서 구원을 말하는 명목상 신자 또는 일시적 신자 등을 인정하는 것이 아닌가라고 반문할지 모릅니다. 좋은 질문입니다. 그러니까 요점은 구원의 확신을 위하여서는 자신의 허물을 보기보다 다른 것을 보아야 한다는 것입니다. 그것은 지금 바로 지적한 바대로 회개의 열매이며 그리스도의 은혜에 대한 감격이며 하나님의 은혜에 대한 감사의 진정성입니다. 그렇습니다. 진정한 신자는 온전하지 않습니다. 그렇기 때문에 죄와 허물이 있다고 하여 구원을 받지 못했다고 말해서는 안 됩니다. 오히려 아무리 미약한 신앙이라도 그 신앙이 참된 신앙이라면 성령님의 은혜로 죽었다가 살아난 새 사람의 모습이 있습니다. 아! 그래. 내가 비록 연약하고 죄가 많지만 부인할 수 없는 것 하나는, 나는 주님을 정말 사랑한다. 예수님의 은혜에 대한 진정한 감사함이 내게 있다. 돌이켜 생각하니까 이것은 주께서 내게 베푸신 은혜임이 확실하다. 하나님께서 나 같은 것도 사랑하여 이렇게 은혜의 흔적을 나에게 남기셨구나. 지금도 내가 그 은혜를 생각하면 감사하고 찬송을 드리거늘, 하나님이 나를 이처럼 불쌍히 여기어 자녀로 삼아 주셨는데, 내가 스스로 어찌하여 하나님의 자녀 됨을 확신하지 못하는가? 하나님 감사합니다. 이렇게 고백하며 나가야 합니다.

자! 다시 말합니다. 우리의 구원의 확신은 내 안에 이루어지는 성령님의 은혜의 열매를 보고 아는 것입니다. 이 말은 내 안에 남아 있는 죄의 흔적을 보고 구원의 확신을 부인하는 것은 옳지 않다는 것입니다. 이해가 되십니까? 그러니까 죄를 마음 놓고 범하면 됩니까? 난 이제 교회에 출석하면서 그리스도의 전적인 용서를 받으니까, 또 은혜도 받은 흔적이 있으니까 죄를 지어도 용서를 받으니까 죄를 짓는 일에 별 괘념치 않는다라고 말한다면 그런 사람은 참된 성도가 아닙니다. 참된 구원의 확신을 아는 참된 믿음의 사람들은 그 확신 때문에 결코 방종에 빠지는 일이 없기 때문입니다.

성경은 이러한 방종이 나타나지 않도록 성도들에게 참된 구원의 확신에 이르기에 힘쓰라고 권면합니다. 교인이라도 실족하여 죄를 범하면, 죄를 용서받고 구원을 받을지라도 범한 죄로 인한 죄의 비참한 결과, 고통과 수치를 당하기 때문에 이를 미연에 방지하기 위한 말씀입니다. 이러한 고통과 수치를 당하면 구원의 확신은 점차 약하여지고 하나님의 교회에서 떨어질 우려가 있게 됩니다. 그러므로 참된 신앙의 사람은 교회를 통해 경건에 힘쓸 것을 격려받으며 구원의 확신을 더욱 더 풍성하게 누리게 됩니다.

교회는 사람이 만든 기관이 아닙니다. 하나님께서는 영원 전에 작정하신 보이지 않는 교회를 은혜 언약을 통해 이 땅에서 실행하시고 보이는 교회를 세우시며, 하나님의 선택을 받은 우리를 교회 회원으로 불러내셨습니다. 그러므로 신자인 우리는 교회를 통해서 하나님께서 베풀어 주시는 은혜를 사모하고 받기 위하여, 하나님 말씀과 성례를 기뻐하고, 그리고 하나님 말씀에 따라 경건의 노력으로 살아가야 합니다. 그러면 우리의 심령 안에는 '아! 나의 본향은 하늘이다'라는 기쁨으로 가득 차게 되며, 이 세상에서 신앙의 길을 가는 나그네의 삶을 훌륭하게 감당할 수 있게 됩니다.

그러면 여러분, 이 땅에 사는 동안에 그렇게 어려운 문제도 점점 더 줄어들어서 작은 문제가 됩니다. 감당할 만하게 되는 것입니다. 심지어는 암에 걸려서 죽을 날이 얼마 남지 않더라도, 이 은혜 앞에 바로 서 있으면 그 문제가 작아집니다. 주님의 뜻에 자신을 내어드리게 됩니다. 하나님, 고치는 것이 뜻이면 고치실 것이지만 아니면 제 영혼은 낙원으로 갈 줄 압니다. 남은 가족들을 생각하면 마음도 아프고 염려가 있지만, 그들 또한 주께서 선히 인도하실 줄 믿습니다. 이러한 은혜가 마음에 가득 차게 됨으로 인해 세상에서 다투며 살아가는 문제가 점점 더 줄어들게 됩니다. 처음에는 먹고 사는 문제가 너무 커서 그것 때문에 예수 믿고, 부르짖고, 기도하는 게 전부였습니다. 그러나 나중에는 은혜를 받고 나니까 그러한 문제들은 점점 작아지게 됩니다. 어느 때에는 세상살이 때문에 시험에 들기도 합니다. 그런데 믿음이 성숙하고 나니까 내가 왜 그때 그것 때문에 시험에 들었는지 정리가 되면서, 내 마음속에 오직 하늘의 본향을 사모하는 믿음을 따라 살다가 믿음을 따라 죽은 믿음의 선진들이 걸어간 길을 뒤쫓아 걷게 됩니다.

이러한 믿음을 이 땅에서 지탱할 수 있도록 해 주는 기관, 공동체가 무엇입니까? 바로 교회입니다. 여러분이 그러한 교회의 회원 되신 것이 여러분을 향한 하나님의 사랑과 은혜인 줄 아시고 감사하며, 교회를 통해서 큰 은혜를 누리시고 또 영광을 하나님께 돌리시는 여러분이 되시기를 바랍니다.

종교개혁과 개혁교회

안상혁

교회는 성장합니다

우리는 사람의 일생을 탄생, 유아기, 소년기, 청년기, 장년기, 노년기 등으로 나누어 볼 수 있습니다. 교회의 경우는 어떨까요? 교회도 사람과 마찬가지로 생일이 있고 유년기를 거쳐 장년기에 이르는 성장을 경험할까요? 그렇습니다. 신약 교회는 오순절에 탄생했습니다. 이후 전 세계로 전파되는 복음과 더불어 교회는 오늘날까지 끊임없이 성장해왔습니다.

구약에서도 하나님은 이스라엘 백성을 구성원으로 하는 국가교회를 세우셨습니다. 그런데 "과연 구약에도 교회가 존재하는가?"라고 혹자는 질문합니다. 교회는 그리스도를 머리로 삼고 그의 지체로서 구성된 하나님의 백성인데 구약에는 아직 그리스도가 계시되지 않았다고 생각하기 때문에 제기하는 질문입니다. 그러나 결코 그렇지 않습니다. 주지하다시피 하나님은 구약의 이스라엘과 언약을 맺고 그들을 하나님의 백성으로 선포하셨습니다. 하나님은 그들이 잘났기 때문에 선택한 것이 아니었습니다. 오히려 열국 중에서 가장 작고 연약하기 때문에 선택하신 것입니다(신 7:7). 그래서 하나님이 그들과 더불어 맺으신 언약을 사랑의 언약 혹은 은혜 언약이라고 부릅니다.

가장 중요한 은혜 언약의 본질은 메시아에 대한 약속에 있습니다. 하나님은 범죄한 아담에게 '여자의 후손', 곧 메시아를 약속하셨습니다(창 3:15). 이것을 가리켜 사람들은 최초의 복음 혹은 원시 복음이라고 부릅니다. 하나님은 아브라함을 선택하고 그와 더불어 언약을 체결하실 때에도 메시아를 약속하셨습니다. 하나님이 "네 씨로 말미암아 천하 만민이 복을 받으리니"(창 22:18)라고 말씀하셨을 때, 여기서 "씨"는 단순히 아브라함의 후손(집합명사)을 가리키는 것이 아닙니다. 구체적으로 한 분 메시아(3인칭 단수)를 가리킵니다. 그래서 사도 바울은 다음과 같이 말합니다. "여럿을 가리켜 그 자손들이라 하지 아니하시고 오직 한 사람을 가리켜 네 자손이라 하셨으니 곧 그리스도라"(갈 3:16).

한편 하나님께서 다윗과 맺으신 영원한 언약도 궁극적으로는 메시아와 그의 영원한 왕국을 가리킵니다(삼하 7:11–16; 대상 17:14; 시 89:3–4). 이 때문에 예수 그리스도의 복음은 "아브라함과 다윗의 자손 예수 그리스도의 계보라"(마 1:1)는 선포와 더불어 시작하는 것입니다. 요컨대 구약의 성도 역시 (본질상) 그리스도 안에서 하나님의 은혜로 택함을 입은 하나님의 백성인 것입니다. 이런 맥락에서 볼 때, 순교자 스데반 집사가 그의 마지막 설교에서 출애굽 공동체를 가리켜 "광야 교회"(행 7:38)라고 부른 것은 전혀 잘못된 것이 아닙니다.[1)]

일찍이 아우구스티누스(354–430)는 신자의 상태를 네 단계로 나누었습니다. 타락 전과 타락 후 그리고 거듭난 상태와 극치의 상태 등으로 구분한 후 그는 사람의 자유 선택과 죄의 관계를 다음과 같이 설명합니다. 첫째, 타락 이전의 사람은 죄를 지을 수도 짓지 않을 수도 있는 선택의 자유가 있었습니다(*posse peccare, posse non peccare*). 둘째, 타락 이후의 인류는 죄를 짓지 않을 수 없는 상태가 되었습니다(*non posse non peccare*). 셋째, 중생한 신자는 죄를 짓지 않을 수 있습니다(*posse non peccare*). 넷째, 마지막 극치 상태에서 신자는 더 이상 죄를 지을 수 없는 영화로운 상태에 이릅니다(*non posse peccare*). 이처럼 아우구스티누스는 창조–타락–구속–극치(영화)의 구분에 따른 구속사적인 조망을 시도합니다. 흥미로운 것은 마지막 상태가 타락 이전의 최초 상태보다 더욱 영광스럽다는 것입니다. 이를 통해 아우구스티누스는 (타락 이후) 하나님의 백성은 극치의 상태에 이르기까지 (구속사의 각 단계를 통해) 일종의 성숙을 이룬다는 사실을 가르쳤습니다.

이러한 시각은 교회의 역사에도 그대로 적용될 수 있습니다. 아우구스티누스보다 이른 시기에 활동했던 교부 이레나이우스(202년 사망) 역시 인류 역사에 대한 구속사적 조망을 시도했습니다. 한 걸음 더 나아가 그는 언약의 관점에서 구약과 신약의 통일성을 훌륭하게 그려낸 것으로 유명합니다. 하나님은 구약과 신약 교회의 주인이시며 구약 교회를 구속사의 절정인 예수 그리스도 앞으로 이끄시고 성장시키셨습니다.

한편 신약의 교회가 탄생한 이후로도 교회는 지속적으로 성장했습니다. 때때로 교회는 타락과 어둠의 시기를 통과한 것이 사실입니다. 그러나 그때마다 하나님은 신실한 종들을 사용하여 하나님의 교회를 개혁하고 새롭게 하신 사실 역시 잊으면 안 됩니다. 또한 교회사를 통해 우리는 다음의 중요한 사실을 배웁니다. 곧 교회는 항상 개혁되어야 한다는 것입니다. 16-17세기에 이르러 종교개혁을 성공적으로 이끌어 낸 당사자들 역시 그들의 교회 개혁을 완성품으로 생각하지 않았습니다. 지속적인 교회 개혁이 필요하다는 인식은 특히 17세기 중엽, 개혁파 신앙을 계승한 교회 안에서 활발하게 진행된 교회론 논쟁을 통해 잘 예시되었습니다. 논쟁의 중심에는 "과연 무엇이 가장 성경적이고 이상적인 교회의 모델인가?"라는 질문이 있었습니다. 이 문제는 후반부에 이 논쟁을 소개하는 데 중점을 두어 다루겠습니다.

그런데 본론으로 들어가기에 앞서 이 질문에 대한 현대의 논의를 잠깐 말씀드리겠습니다. 20세기의 신학자 애버리 덜레스(Avery Dulles)는 교회의 다양한 모델을 다음의 다섯 가지 유형으로 구분했습니다.[2)]

유형	제도	신비한 연합	성례	메신저	종
강조점	계서제 가시적 조직 교권적 통치	하나님의 백성 그리스도의 몸	세상을 향한 구원의 상징	복음 선포 자 선지자	섬김의 종 (막 10:5)
주창자	중세 로마 가톨릭	19세기 튜빙겐학파 제2차 바티칸 회의	앙리 드 뤼박 이브 콩가르 칼 라너	개신교 한스 큉	하비 콕스 본회퍼 해방신학 제2차 바티칸 회의
이미지	피라미드	공동체	구원과 은혜 의 표지	말씀	종
연대성	제도 가견교회 외면적 통일성	내면적 통일성	예배, 예전 (외면+내면)	믿음	사회정의를 위한 연대

사실 덜레스는 로마 가톨릭 교회의 신학자입니다. 그에 따르면 중세 로마 가톨릭 교회는 "제도로서의 교회"를 일면적으로 강조하는 한계를 노출했습니다. 20세기에 들어와 (특히 제2차 바티칸회의) 가톨릭 교회는 기존의 입장을 수정하여 신자들의 공동체로서의 교회 모델을 핵심적인 모델로서 수용합니다. 사실 이것은 16세기 종교 개혁자들이 (메신저 모델과 더불어) 특히 강조했던 모델입니다. 한 걸음 더 나아가 덜레스는 현대 교회를 위한 새로운 모델로서 상기한 다섯 가지 유형의 장점들을 포괄하는 "제자 공동체로서의 교회"

를 제시합니다. 이처럼 가장 변하지 않을 것 같았던 로마 가톨릭 교회도 과거의 부족함을 스스로 인정하고 성숙한 교회의 모델을 모색하고자 적지 않은 노력을 기울여 왔습니다.

20세기에 들어와 로마 가톨릭 교회가 보여준 변화를 위한 노력은 분명 뒤늦은 감이 있습니다. 앞서 언급한 바대로 종교 개혁자들과 그들의 후예들은 이미 4–5백 년 전에 가장 (성경에 부합하는) 이상적인 교회의 모델을 이론적으로 모색하고 실천적으로 실험했습니다. 좀 더 거슬러 올라가면 신약성경이 기록되던 시기부터 초기 기독교 공동체는 성숙을 향한 의미 있는 변화를 시도했습니다.

유대교에서 기독교로!

예수 그리스도의 십자가와 부활 이후, 그리고 오순절 성령 강림과 더불어 탄생한 신약 교회는 그야말로 새로운 시작을 경험했습니다. 구약의 성전과 (중간기에 널리 확산된) 회당 중심의 예배는 예수 그리스도에 대한 신앙을 고백하는 교회 공동체의 예배로 바뀌었습니다. 모임 장소는 성전이나 회당으로 제한될 필요가 없었습니다. 많은 경우 초기 기독교인들은 가옥교회에 모였습니다.[3] 모임의 날도 안식일에서 주일로 바뀌었습니다. 유대교의 많은 의식과 예전은 그리스도 안에서 온전히 성취되었습니다. 따라서 기독교인들은 할례와 유월절을 대신하여 세례와 성만찬 예식을 지켰습니다.

이러한 변화들 가운데 가장 눈에 띄는 것은 교회 구성원의 변화입니다. 유대인의 회당과 달리 초기 기독교 공동체는 점차 이방인들로 채워지기 시작했습니다. 더욱 흥미로운 것은 이방인들이 유대인들의 경전으로 알려진 구약을 자신들의 텍스트로 읽기 시작했다는 것입니다. 예수 그리스도라는 안경을 끼고 다시 읽으니 구약은 온통 그리스도에 관한 이야기였습니다. 그런데 그리스도는 유대인만을 위한 메시아가 아니었습니다. 모든 열방과 이방 세계를 위한 구세주도 되신다는 것이 구약의 핵심 메시지임을 이들은 간파하게 되었습니다. 누구보다 이것을 잘 드러낸 인물이 사도 바울입니다. 부활하신 예수님을 만나 회심한 바울은 구약성경과 관련하여 두 가지 의미 있는 일을 시도합니다. 첫째, 구약에서 예수 그리스도를 찾아내는 것입니다. 둘째, 구약에 계시된 이방을 위한 복음을 새롭게 발견하는 것입니다. 몇 가지 실례를 들어보겠습니다.

> 너를 축복하는 자에게는 내가 복을 내리고 너를 저주하는 자에게는 내가 저주하리니 땅의 모든 족속이 너로 말미암아 복을 얻을 것이라 하신지라(창 12:3).

주지하다시피 본문은 하나님께서 아브라함을 처음 부르시는 장

면입니다. 유대인의 입장에서 보면 아브라함이 유대 민족의 조상으로 세워지는 매우 역사적인 순간이기도 합니다. 그런데 사도 바울은 흥미롭게도 본문의 의미를 유대 민족 너머로 널리 확장시킵니다. 갈라디아서 3:8에서 그는 이 말씀을 "이방을 향한 칭의의 복음"에 대한 예언으로 해석합니다.

> 또 하나님이 이방을 믿음으로 말미암아 의로 정하실 것을 성경이 미리 알고 먼저 아브라함에게 복음을 전하되 모든 이방인이 너로 말미암아 복을 받으리라 하였느니라(갈 3:8).

참으로 놀라운 해석입니다. 구약의 하나님은 이스라엘뿐 아니라 이방 나라의 하나님이기도 하셨습니다. 바울은 계속해서 유대인들의 선민 사상을 사실상 무장 해제시킵니다. 신명기 32:43과 시편 18:49 그리고 시편 117:1을 해석하면서 바울은 이것을 그리스도의 복음에 유대인과 이방인이 함께 참여하는 것을 예언한 것으로 해석합니다(롬 15:9-11).

> 너희 민족들아 주의 백성과 즐거워하라(신 32:43).
> 여호와여 이러므로 내가 이방 나라들 중에서 주께 감사하며 주의 이름을 찬송하리이다(시 18:49).
> 너희 모든 나라들아 여호와를 찬양하며 너희 모든 백성들아 그를

찬송할지어다(시 117:1).

이방인들도 그 긍휼하심으로 말미암아 하나님께 영광을 돌리게 하려 하심이라 …… 또 이르되 열방들아 주의 백성과 함께 즐거워하라 …… (롬 15:9–11).

사도 바울의 지적대로 구약 교회는 처음부터 이방인을 향한 복음의 메시지를 선포하고 있었습니다. 출애굽 공동체로부터 이스라엘 국가를 세우실 때 하나님은 그들을 "제사장 나라"로 부르셨습니다(출 19:6). 이사야 선지자가 지적한 이스라엘의 실패는 곧 제사장 나라의 사명을 감당하지 못한 실패이기도 했습니다.

우리가 잉태하고 산고를 당하였을지라도 바람을 낳은 것 같아서 땅에 구원을 베풀지 못하였고 세계의 거민을 출산하지 못하였나이다(사 26:18).

이러한 맥락에서 볼 때, 이스라엘의 실패를 회복시키는 메시아의 사역과 그의 왕국이 (말라기 선지자의 예언처럼) 이방을 포함시키는 것은 매우 당연한 것이었습니다.

만군의 여호와가 이르노라 해 뜨는 곳에서부터 해 지는 곳까지의 이방 민족 중에서 내 이름이 크게 될 것이라(말 1:11).

과연 오순절 성령 강림과 더불어 시작된 신약 교회의 역사는 말라기 선지자가 예언한 내용의 성취라고 말할 수 있습니다. 구약 전체는 신약 교회를 지향하고 있다고 해도 과언이 아닙니다.

오늘날 초대 교회에서 활동한 교부들과 교회사가들의 저서들을 읽으면 우리는 매우 흥미로운 사실을 발견합니다. 그것은 주로 그리스-로마 문명에서 자라난 이방인 출신의 초기 기독교 저자들이 구약의 모든 역사를 자신들의 이야기로 읽고 있다는 사실입니다.[4] 유대인의 입장에서 보면 그야말로 황당한 일이었을 것입니다.

한번 상상해 봅시다. 이것은 마치 서양의 어느 나라에서 한국의 단군 신화가 포함된 일연의 『삼국유사』와 김부식의 『삼국사기』를 자국의 국사 교과서로 채택하는 것 이상의 충격적인 일이었을 것입니다. 가장 민족주의적이고 배타적인 유대인들의 토라가 기독교의 탄생과 더불어 보편 종교의 경전으로 변화되는 것은 말 그대로 미처 예상하지 못했던 경험이었습니다. 이것은 하나님의 지상 교회에 중요한 교훈을 가르쳐 주었습니다. 곧 구속사 안에서 신약의 교회가 탄생하고 성장함에 따라 이미 오래전에 주어진 구약 계시에 대한 교회의 이해의 폭이 그만큼 확장되고 더욱 깊어지게 되었다는 것입니다.

가시적 보편 교회의 이상과 현실

교회를 이해할 때 전통적으로 우리는 두 개의 차원, 곧 가견 교회(Visible Church)와 비가견 교회(Invisible Church)로 구분합니다. 지금 여러분이 출석하는 교회가 가견 교회에 해당한다면 비가견 교회는 그리스도를 머리로 하고 (과거, 현재, 미래의) 택자만으로 구성된 우리의 눈에는 보이지 않는 하나의 교회를 가리킵니다. 가견 교회는 이 땅에서 전투하는 교회로 묘사되기도 합니다. 죄와 사망의 권세와 더불어 싸우면서 세상으로부터 환난과 박해를 받기도 하며 때때로 국지전에서 큰 부상을 입기도 합니다. 교회 안에는 알곡과 더불어 가라지가 함께 섞여 있습니다. 죄의 유혹에 넘어질 때도 있으며 교회가 타락하여 하나님의 영광을 가릴 때도 있습니다. 한마디로 불완전함을 하나의 특징으로 가지고 있습니다. 이에 비해 눈에 보이지 않는 교회는 이미 승리한 교회로 불립니다. 여러 개로 흩어져 있는 지상 교회와 달리 (하나님의 시각에서 보았을 때) 언제나 하나의 교회입니다. 또한 거룩한 교회입니다. 그리고 예수 그리스도를 머리로 삼는 그분의 몸이요 정결하고 흠 없는 신부입니다.

초대 교회 이래로 교회는 보이지 않는 교회의 이상을 지상 교회를 통해 '지금 이곳에서' 구현하고자 노력해 왔습니다. 이러한 노력 자체는 귀한 것입니다. 문제는 방법입니다. 중세 교회는 교회의 하나 됨과 통일성을 추구하는 과정에서 (결과적으로는) 가시적이고 외면적이며 정치-제도적인 차원에서 통일성을 유지하려는 데 많은 노력을 기울였습니다. 교회는 보다 본질적이고 영적인 통일성, 곧 성경의 진리 안에서 교회의 하나 됨을 이루는 측면을 상대적으로 간과하며 균형감을 점차 상실하게 되었습니다.

교회론과 관련하여 중세 교회가 강조한 개념은 가시적 보편 교회(Catholic Visible Church)입니다. 보이지 않는 교회의 보편성을 말하는 것이 아닙니다. 지상에 존재하는 모든 가시적 교회들의 통일성을 말하는 것입니다. 언뜻 보면 전혀 실현 불가능한 이상이 아닌 것으로 보일 수도 있습니다. 그런데 이 가시적 보편 교회가 현재에만 국한되는 것이 아니라 과거에 존재했던 모든 지상 교회들과 심지어 앞으로 이 땅에 존재하게 될 모든 미래의 교회들까지 포함한다는 사실을 기억할 필요가 있습니다. 이것이 사실이라면 가시적 보편 교회 역시 비가견 교회 못지않게 신비의 차원을 가지고 있음을 알 수 있습니다. 쉽게 말해 가시적 보편 교회의 "가시성"을 말 그대로 역사적 실체로서 구현하려는 시도 자체가 비현실적이라는 것입니다. 그뿐 아니라 그것을 무리하게 추구하다가는 자칫 더욱 중요한 것을 놓칠 수도 있다는 사실을 암시합니다. 중세 교회와 종교개혁의 역사는 이것을 잘 예시해 줍니다. 먼저 중세 교회가 추구한 가시적 보편 교회의 이상과 현실을 흔히 나라의 3대 요소로 알려진 영토, 국민, 주권의 세 가지 요소에 빗대어 설명해 보도록 하겠습니다.

가시적 보편 교회의 영토?

중세의 로마 가톨릭 교회는 가시적 보편 교회의 수장이 바로 교황이라고 가르쳤습니다. 교황과 교황 제도는 교회의 통일성을 가시적으로 보여주는 매우 중요한 존재였습니다. 문제는 교황이 통치하는 로마 가톨릭 교회가 이러한 보편 교회의 이상을 구현하지 못하는 현실이었습니다. 주지하다시피 교회는 대분열(1054년)로 인해 동방 교회와 서방 교회로 나뉘었습니다. 사실 대분열 이전에도 동서 교회는 이미 분열을 경험하고 있었습니다. 분열의 씨앗은 이미 4세기에 뿌려졌습니다. 기독교를 공인한 것으로 잘 알려진 로마 제국의 콘스탄티누스 대제는 주후 330년 수도를 로마에서 콘스탄티노플로 천도합니다. 이후 로마 제국의 정치와 종교는 동로마의 콘스탄티노플을 중심으로 전개되었습니다. 동방 교회에게 주도권을 빼앗긴 로마 교회는 몇 가지 난관에 봉착하게 됩니다. 특히 동로마로부터 보호와 지원을 제대로 받지 못한 상태에서 서로마 지역은 이민족에 의해 유린당합니다. 급기야 476년에 로마는 오도아케르가 이끄는 군사에 의해 정복당하게 됩니다.

이후 서방 교회는 교회를 보호할 보다 강력한 정치 세력을 찾습니다. 마침 게르만족 가운데 프랑크족이 서유럽에서 강력한 나라를 형성하며 세력을 키우고 있었습니다. 다행히 메로빙거 왕조의 클로비스 1세는 로마 가톨릭으로 개종했습니다(496년). 732년 카를 마르텔은 피레네 산맥을 넘어 침입한 이슬람의 군대를 투르-푸아

티에 전투에서 저지하여 서방 교회를 이슬람 세력으로부터 보호합니다. 얼마 후 교황 레오 3세는 800년 성탄절 미사 때 카를 마르텔의 손자였던 샤를마뉴 1세에게 왕관을 씌워주고 그를 서로마 제국의 황제로 선포합니다. 이로써 이미 멸망했던 서로마 제국은 명목상 부활하게 됩니다. 신성 로마 제국이 공식화된 것은 962년이라고 알려져 있습니다. 베르됭 조약(843년) 이후 프랑크 왕국의 동쪽 지역을 계승한 독일 왕 오토 1세는 마자르족을 격퇴합니다. 그 공로를 크게 인정한 교황은 그에게 제관을 수여하고 신성 로마 제국의 황제로 선언합니다. 이후 신성 로마 제국은 나폴레옹에 의해 해체되기까지(1806년) 정말로 오랜 기간 서유럽에 존속하면서 로마 교회와 긴밀한 관계를 유지합니다.

왜 로마 가톨릭 교회는 이미 사라진 제국을 부활시키면서까지 신성 로마 제국에 그토록 집착했을까요? 그 이유는 '보편적 가견 교회'의 이상과 밀접한 관련이 있다고 생각합니다. 고대 로마 제국이 기독교를 국교로 삼았을 때, 제국의 경계는 곧 교회의 경계를 의미했습니다. 또한 제국의 통일성은 곧 교회의 통일성으로 연결되었습니다. 요컨대 제국 교회를 통해 보편적 가견 교회의 이상은 눈에 보이는 현실로 구체화될 수 있다는 생각이 널리 공유되었던 것 같습니다.

그러나 보편적 가견 교회의 이상을 제국 교회의 정치적이며 외면적 통일성을 통해 구현하려는 시도가 노출하는 문제점에 대한 비판은 이미 초대 교회 시기부터 제기되어 왔습니다. 일찍이 아우구스티누스는 『하나님의 도성』(*De Civitate Dei*)을 통해 눈에 보이는 제국 교회와 초월적인 하나님 나라를 엄밀하게 구분했습니다. 그는 이 책을 주후 410년 서고트족이 로마로 진격하여 도시 전체를 유린한 직후에 출판했습니다. 적지 않은 수의 로마인들은 로마가 전통적인 종교를 버리고 기독교를 받아들였기 때문에 신들이 노해서 이러한 재앙을 자신들에게 내린 것이라고 선전했기 때문입니다. 아우구스티누스는 초월적이며 영적인 하나님의 나라는 세상 제국의 정치체와 동일시될 수 없다고 분명히 못 박았습니다. 그러나 이후의 역사는 이러한 아우구스티누스의 충고를 귀담아 듣지 않았습니다. 중세 교회는 제국 교회의 이상에 계속하여 집착했고 그것의 결과로 교회는 세속권과 더불어 끊임없는 경쟁과 갈등 그리고 정치적 분쟁에 휘말리게 됩니다. 그 과정에서 로마 가톨릭 교회는 점차 세속화되고 맙니다.

가시적 보편 교회의 국민?

가시적 보편 교회의 국민은 하나입니다. 여기서 하나 됨을 민족이나 혈통의 하나 됨으로 이해하는 사람은 아무도 없습니다. 예수 그리스도를 그리스도요 살아계신 하나님의 아들로 동일하게 고백하는 모든 신자들이 동일한 믿음 안에서 하나 됨을 의미합니다. 그런데 중세 교회는 보다 가시적인 차원에서 교회 구성원의 하나 됨을 추구했습니다. 교회 역시 제국의 구성원들이 다양한 민족적 배경을 가지고 있음을 잘 알고 있었습니다. 그러나 예전에서의 통일성을 통해 민족과 문화적 배경에 근거한 다양성을 극복할 수 있다고 믿고 실제로 그러한 시도를 단행합니다.

그 대표적인 예가 '라틴어'의 사용이었습니다. 주지하다시피 중세 교회는 주후 4세기 말에 제롬에 의해 라틴어로 번역된 불가타 성경을 사용했습니다. 16세기 트렌트 공의회(1545–63)는 이 역본을 가장 권위 있는 텍스트로 선언하기까지 했습니다. 또한 교회의 모든 예배는 라틴어로 진행되었습니다. 여러분이 중세 서유럽 지역을 여행하고 있다고 한번 상상해 보십시오. 어느 나라, 어느 지역을 여행하든지 주일날 여러분은 모든 지역 교회에서 동일한 언어로 기록된 동일한 텍스트를 가지고 동일한 언어로 진행되는 예배에 참석할 수 있습니다. 게다가 교회가 집례하는 성례는 다음의 일곱 개로 통일되었습니다(트렌트 공의회, 1545–1563). 세례, 성체, 견진, 고해, 병자, 성품, 혼인 성사 등입니다. 일곱 가지 성례는 그리스도께서 보편적 가견 교회에 맡기신 눈에 보이는 은혜의 수단이요 거룩한 상징이라고 교회는 가르쳤습니다. 요약하자면 중세 시대 라틴어로 기록된 하나의 성경과 라틴어로 이루어지는 미사와 성례는 그 자체로서 보편적 가견 교회의 이상을 실현하는 중요한 상징이었습니다.

문제는 예배에 참석하는 중세 교회의 신자들이 라틴어를 알아들을 수 없다는 데에 있었습니다. 물론 제롬이 불가타 성경을 처음 번역했을 당시에는 많은 사람들이 라틴어를 사용하고 있었습니다. 그러나 게르만족의 대이동과 더불어 서유럽의 각 지역들은 라틴어를 모르는 주민들로 채워지기 시작하면서 사정은 달라졌습니다. 세월이 흐름에 따라 라틴어는 오로지 식자층과 신학자들 그리고 교회의 공식 언어가 되었을 뿐 각 지역 방언을 사용하는 주민들에게는 이해할 수 없는 언어가 된 것입니다. 그렇다면 교회는 이 문제에 대해 무엇이라고 이야기했을까요? "신부님, 저는 신부님이 말씀하는 내용을 도무지 알지 못하겠어요"라고 말하는 신자에게 교회는 무엇이라 대답했을까요?

교회는 걱정하는 신자들을 안심시킬 수 있는 해법을 가지고 있었습니다. 그것은 흔히 사효론(事效論, *ex opere operato*)으로 알려진 신학 개념이었습니다. 이것은 성례의 효과는 성례의 집례자의 인간적인 자질과 무관하게 성례의 참여자 혹은 수령자에게 전달되는 것을 의미합니다. 무엇보다 성례의 주체는 하나님이고 인간 집례자는 하나님의 도구에 불과하기 때문입니다. 초대 교회에서 이것은 성례의 효과가 인간 집례자의 자질에 좌우된다는 잘못된 개념―소위 인효론(人效論, *ex opere operantis*)―을 논박하는 과정에서 등장했습니다. 그런데 중세 시대에는 사효론이 점차 오용되기 시작했습니다. 예를 들어, 수찬자가 성만찬에 관한 라틴어 성경의 말씀과 예전의 내용을 이해하지 못하더라도 예수 그리스도의 살에 해당하는 떡을 사제로부터 일단 받아먹으면 그것으로 성만찬의 효과는 충분히 발생한다고 교회는 가르쳤습니다. 마치 어린이들이 감기약의 구성 성분에 대한 아무 지식이 없어도 일단 그것을 섭취하면 그 효과를 누릴 수 있는 것과 같은 원리입니다. 이러한 생각은 결국 성례에 대한 미신적인 태도를 널리 양산하게 되었고, 사효론은 미신을 조장하고 정당화하는 데 악용되었습니다. 종교 개혁자들이 볼 때, (성인의 경우) 진리에 대한 이해 없이 참 믿음을 소유하는 것은 불가능하며, 말씀에 대한 들음, 곧 이해 없이 참여하는 예배와 성례는 무의미한 것이었습니다. "믿음은 들음에서 나며 들음은 그리스도의 말씀으로 말미암았느니라"(롬 10:17).

가견적 보편 교회의 주권?

중세 로마 가톨릭 교회에 따르면 가견적 보편 교회의 통치방식은 철저하게 하향식이었습니다. 우선 일반인과 성직자 사이에는 분명한 경계선이 있었습니다. 오늘날 흔히 '소명'에 해당하는 단어는 주로 성직자들에게만 사용되었습니다. 일종의 성속 이원론에 근거한 사고방식입니다. 한편 성직자의 세계 안에도 계서제가 존재합니다. 먼저 수문품에서 사제에 이르기까지 일곱 개의 성직이 있습니다.[5] 또한 사제들의 우두머리로서 사제를 안수하여 세우는 주교가 존재합니다. 주교 역시 계급에 따라 곧 교황, 추기경, 총대주교, 수석 대주교, 대주교 등으로 구분됩니다.[6] 물론 이 모든 계서제의 정점에는 교황이 있습니다.

문제는 이러한 계서제적 성직 제도를 지지하는 성경적 근거가 없다는 사실입니다. 중세 신학 교육의 교과서로 널리 활용되었던 피터 롬바르드의『명제집』제4권 12장은 다음과 같이 말합니다.

> 비록 모든 것[성직들]이 영적이며 거룩하지만, 정경은 오로지 두 개의 직분, 곧 집사와 장로만을 거룩한 직분으로 칭함 받기에 합당한 것으로 말한다. 왜냐하면 초대 교회는 오로지 이 두 직분만을 가지고 있었고 우리 역시 이 두 직분에 대해서만 사도의 명령을 가지고 있기 때문이다.[7)]

곧이어 롬바르드는 부제나 시종품과 같은 성직 등이 세월이 흐른 후 교회에 의해 세워졌음을 밝힙니다. 로마 가톨릭 교회의 성직 제도가 성경보다는 중세 교회의 전통에 근거하고 있음을 스스로 인정하는 것입니다. 물론 성직 제도의 성경적 근거를 제시하고자 노력하지 않은 것은 아닙니다. 예를 들어, 예수께서 장사하는 자들을 성전에서 내쫓으셨을 때 주님은 수문품의 직분을 수행하셨다고 말합니다. 회당에서 가르치신 것은 강경품의 직분을, 귀신을 내어 쫓으신 것은 구마품을, 제자들의 발을 씻기신 것은 차부제품을, 그리고 십자가에서 자신을 희생 제물로 드리신 것이 곧 사제품의 역할을 하신 것이라고 설명합니다. 사실 이것은 예수님의 사역에서 수백 년 후에 도입된 성직 제도의 근거를 찾아내고자 성경을 무리하게 해석한 것입니다. 이러한 성경 주해에 대해 종교 개혁자 칼뱅은 이렇게 말했습니다. "이것들은 웃지 않고 들을 수 없을 정도인데, 사람으로서 그것들을 웃지 않고 기록했다는 것이 경이로울 뿐이다."[8)]

한편 교황 제도의 성경적 근거로 가장 많이 인용되는 것은 마태복음 16:18-19의 말씀입니다.

> 또 내가 네게 이르노니 너는 베드로라 내가 이 반석 위에 내 교회를 세우리니 음부의 권세가 이기지 못하리라 내가 천국 열쇠를 네게 주리니 네가 땅에서 무엇이든지 매면 하늘에서도 매일 것이요 네가 땅에서 무엇이든지 풀면 하늘에서도 풀리리라 하시고(마 16:18-19).

로마 가톨릭 교회는 특히 "천국 열쇠"를 예수님께서 베드로 개인에게 맡기셨다고 강조합니다. 이 때문에 중세의 많은 그림과 조각상들에서 베드로는 (주님이 주셨다는) 열쇠를 한 손에 들고 있는 모습으로 등장합니다. 이후 베드로는 이 열쇠를 한 사람의 후계자에게 위탁했는데 그가 바로 로마 가톨릭 교회의 교황이며, 교황 제도에 의해 동일한 '열쇠의 권세'가 현재의 교황에 이르기까지 중단없이 계승되어 왔다고 주장합니다.

그런데 이것 역시 문제가 많은 성경 해석입니다. 일단 베드로가 주님께 위탁받은 열쇠의 권세를 이후 자신의 후계자를 따로 세워 대대로 물려주었다는 주장에 대한 성경적 근거가 전무합니다. 또한 보다 근본적으로는 마태복음 16:19에 등장하는 "천국 열쇠"를 주님께서 베드로 개인에게 주심으로 그를 보편적 가견 교회의 수장인 초대 교황으로 삼으셨다는 주해도 타당하지 않습니다. 왜냐하면 주님은 얼마 후에 동일한 천국 열쇠의 권세인 매고 푸는 권세를 가감하지 않은 상태에서 제자 공동체 모두에게 주시는 것으로 기록하고 있기 때문입니다.

> 진실로 너희에게 이르노니 무엇이든지 너희가 땅에서 매면 하늘에서도 매일 것이요 무엇이든지 땅에서 풀면 하늘에서도 풀리리라(마 18:18).

이 말씀에 따르면 열쇠의 권세는 베드로와 그의 후계자로서의 교황이 아닌 제자 공동체 전체에게 위탁된 것입니다. 이것은 요한복음 20:21-23에서 더욱 명확하게 드러납니다.

> 아버지께서 나를 보내신 것 같이 나도 너희를 보내노라 이 말씀을 하시고 그들을 향하사 숨을 내쉬며 이르시되 성령을 받으라 너희가 누구의 죄든지 사하면 사하여질 것이요 누구의 죄든지 그대로

두면 그대로 있으리라 하시니라(요 20:21-23).

상기한 구절들에 근거하여 종교 개혁자들은 '열쇠의 권세'를 복음적으로 해석했습니다. 곧 복음이 선포될 때 예수 그리스도를 믿고 그의 이름으로 죄 사함을 받는 신자에게는 천국에서의 '풀림'이, 복음을 거부함으로 정죄를 받게 되는 불신자에게는 천국에서의 '매임'이 성취되는 것입니다. 이들은 열쇠의 권세를 보이는 교회의 성직 제도와 연결 짓지 않았습니다. 그 대신 그리스도께서 제자 공동체에게 성령을 주시고 복음 설교의 사명을 맡기신 후 세상으로 파송하셨다는 사실을 강조했습니다. 사실상 이것은 우리 모두에게 해당되는 말씀입니다. 예수님의 제자로 부름 받은 우리 모두는 대위임령, 곧 복음 설교의 사명을 가지고 있습니다(마 28:19-20; 막 16:15). 복음 전도의 현장에서 지금 이 순간에도 천국의 문은 열리기도 하고 닫히기도 하는 것입니다. 요컨대 열쇠의 권세는 그 핵심에 있어 성령의 능력으로 복음을 설교하는 것을 의미하는 것입니다.

급진주의의 새로운 도전

종교 개혁자들은 가견적 보편 교회에 대한 이상과 현실을 잘 구분하여 이해했습니다. 그 이상을 정치적이고 제도적이며 외면적인 수단과 교황 정치를 통해 구현하려는 중세 교회의 시도를 강하게 비판했습니다. 그 대신 성경으로부터 보다 건전하고 균형 잡힌 교회론을 배우고 가르치고자 노력을 기울였습니다. 중세 교회가 제도화된 교회의 외면적인 일치를 강조했다면, 종교 개혁자들은 순수한 복음을 고백하는 공동체의 일치, 곧 믿음에서의 일치를 강조했습니다. 교회의 모델과 관련해서는 신자 공동체로서의 교회를 제도로서의 교회보다 우선시했다고 말할 수 있습니다. 중세 교회가 라틴어를 앞세워 눈에 보이는 예전에서의 통일성을 추구했다면, 개혁자들은 성경 말씀에 대한 바른 이해를 우선적으로 강조했습니다. 따라서 대중들이 이해할 수 있는 언어로 성경을 번역했고, 쉽게 이해할 수 있는 언어로 설교를 하며, 성경의 기본적인 교리를 회중과 자녀들에게 가르치기 위해 요리문답을 작성했습니다.

성직자의 역할에 대한 이해에서도 큰 차이가 생겼습니다. 중세 교회 사제들의 핵심적인 역할은 성례를 집례하는 일이었습니다. 이에 비해 개혁 교회 성직자들의 주요한 역할은 설교하는 것이었습니다. 설교자가 되기 위해서는 먼저 성경 원어를 읽고 해석할 수 있어야 했습니다. 진리의 말씀을 바르게 주해하고 복음을 설득력 있게 변증하기 위해서는 신학은 물론 인문학적 소양과 스콜라적인 방법론, 그리고 수사학적인 훈련까지 필요했습니다. 이러한 이유 때문에 종교개혁의 신앙을 수용한 주요 지역들에는 예외 없이 성직자를 교육하기 위한 학교들이 세워지거나 교과 과정의 개편(기존 신학교들의 경우)이 이루어졌습니다. 그 결과 불과 한두 세대 만에 성직자들의 교육 수준은 매우 높아졌습니다. 예를 들어, 독일 지역의 경우 종교개혁 이전 성직자들 가운데 대학 교육을 받은 사람들은 40퍼센트를 넘지 못했습니다. 그러나 1590년에 이르면 독일 팔츠 지역의 모든 성직자들 가운데 약 85퍼센트가 하이델베르크에서 약 3–5년간 대학 교육을 받았습니다. 1609년에 이르면 그 비율은 90퍼센트까지 올라갑니다. 스트라스부르크의 경우도 비슷합니다. 기록에 따르면 16세기 말 이 도시의 교구 목회자들 가운데 거의 대부분이 대학 교육을 받았고 그들 가운데 무려 73퍼센트 이상이 석사 학위를 소유한 것으로 파악됩니다. 중세 말의 상황과 비교할 때, 그야말로 놀라운 변화라고 말할 수 있습니다.[9]

물론 종교개혁이 긍정적인 변화만을 초래한 것은 아니었습니다. 우리에게 잘 알려진 루터, 츠빙글리, 부처 그리고 칼뱅의 종교개혁 이외에도 소위 급진주의자들이 일으킨 종교개혁 운동이 있습니다. 이들 가운데 특히 재세례파는 교회론과 관련하여 로마 가톨릭 교회뿐 아니라 루터와 칼뱅의 종교개혁도 강하게 비판했습니다. 1527년 재세례파는 그들의 신앙고백을 발표합니다. 슐라이트하임 신앙고백은 모두 7개의 조항으로 구성되어 있습니다.[10] 그 가운데 첫 번째 조항은 유아 세례를 반대합니다. 그들은 유아 세례를 "교황이 저지른 가장 크고 가증스러운 첫 번째 잘못"으로 규정합니다. 이들은 왜 유아 세례를 그토록 반대했을까요? 주지하다시피 로마가 기독교를 국교로 삼은 이후에 유아 세례는 제국 교회의 구성원을 공급하는 중요한 역할을 감당했습니다. 국가 교회 안에서 태어나는 모든 국민은 로마 제국의 국민임과 동시에 로마 교회가 표방하는 가견적 보편 교회의 구성원으로 간주되었습니다. 주후 6세기 유스티아누스 황제(527–565)는 유아 세례를 의무화하는 조치를 취하기도 했습니다. 그런데 국가로부터 교회의 완전한 분리를 주장하는 재세례파의 입장에서 볼 때, 유아 세례야말로 교회의 순결성을 파괴하는 주범이었습니다. 그들은 세상을 사탄이 통치하는 악의 영역으로 규정하고 세상으로부터의 분리를 주장했습니다(슐라이트하임, 제4조). 신자는 세상의 통치 원리인 '칼'을 사용할 수 없을 뿐 아니라 세상 관직에 취임해서도 안 되었습니다(슐라이트하임, 제6조).

그런데 재세례파가 유아 세례를 반대한 보다 중요한 이유는 그들의 교회론에서 발견됩니다. 그들은 교회를 오로지 거듭난 신자들의 모임으로 규정했습니다. 오직 예수 그리스도에 대하여 공적으로 신앙을 고백한 후 (성인) 세례를 받은 사람만이 교회의 구성원이 될 수 있었습니다. 요컨대 그들은 '알곡'만으로 구성된 소위 '순수한 교회'(pure church)를 추구했던 것입니다. 어떤 의미에서 재세례파는 전통적인 가견 교회와 비가견 교회의 구분을 거부하고 이 둘을 서로 일치시키고자 시도했다고 할 수 있습니다.

이러한 재세례파의 주장과 시도는 종교 개혁자들에게 매우 중요한 도전이 되었습니다. 종교 개혁자들 역시 '순수한 교회'의 이상을 추구했기 때문입니다. 그들에게 있어 '순수한 교회'는 곧 성경 말씀에 가장 부합하는 교회라고 말할 수 있습니다. 그런데 성경이 가르치는 지상의 교회는 '알곡'과 더불어 '가라지'가 섞여있는 교회입니다. 또한 성경이 가르치는 유아 세례의 문제와 관련해서 종교 개혁자들은 대략 세 가지 측면에서 그것의 실행을 정당화했습니다.

첫째, 세례와 성만찬에 관한 성경의 가르침에 따르면 성례를 실행하시는 주인공은 바로 하나님 자신입니다. 성만찬을 예로 들어 봅시다. 성만찬을 베풀고 식탁의 자리에 우리를 초대하시는 주인공은 누구일까요? 예수 그리스도입니다. 예수께서 친히 자신의 몸과 피로 성만찬을 준비하신 후에 자신의 백성을 식탁으로 초대하는 것입니다. 오늘날 사람들이 모든 재료를 준비하고 신자들이 자신의 결정으로 성만찬에 참여하기 때문에 마치 이 예식의 주인공이 우리 자신인 것으로 보이지만 사실은 그와 반대입니다. 우리는 주님께서 친히 마련하시고 주님으로부터 먼저 초청을 받았기 때문에 그의 살과 피에 참여할 수 있게 된 것입니다. 유아 세례의 경우도 마찬가지입니다. 재세례파에게 있어 세례는 신자의 결단입니다. 예수님을 자신의 구주로 고백하고 세례를 받기로 결단하는 주체가 신자 자신입니다. 이와 대조적으로 종교 개혁자들은 "우리를 위하시는 하나님(*Deus pro nobis*)의 행위"를 성례의 핵심으로 파악했습니다. 교회가 유아 세례를 시행해야 하는 가장 중요한 이유는 교회의 머리가 되시는 하나님께서 그것을 명령하셨기 때문입니다.

둘째, 상기한 내용과 관련하여 종교 개혁자들은 구약의 할례와 신약 교회의 유아 세례의 사이의 연속성을 성경적 근거로 삼았습니다. 유아 세례를 반대하는 이들은 흔히 세례의 영적인 성격과 할례의 육적인 성격을 대조하곤 합니다. 이에 대해 칼뱅은 세례의 성례에는 사죄에 관한 하나님의 약속이 있을 뿐만 아니라 사람 편의 회개와 생활의 갱신도 포함하다고 말합니다. 할례의 경우도 마찬가지입니다. 할례 역시 회개를 가르칩니다. 성경은 처음부터 "마음의 할례"를 가르치면서 영적인 할례를 강조하기 때문입니다(신 10:12–22; 롬 6:6; 엡 4:22). 또한 할례는 죄 사함과 값없이 얻는 의를 확증합니다(롬 4:11). 칼뱅은 다음과 같이 재세례파의 견해를 논박합니다.

> 그러므로 이제 세례가 예수 그리스도 안에 있는 우리의 신생과 영적 정결의 성례이기 때문에 믿음이나 회개가 없는 어린아이들에게 세례를 주는 것은 이치에 맞지 않다고 주장하는 사람이 있다면, 나는 동일한 것이 할례에 대해서도 말해질 수 있다고 답한다. 그런데 하나님은 어린아이들이 할례 받을 것을 여전히 명하셨다. 그러므로 회개와 구원의 증거인 성례가 어린아이들에게 베풀어지는 것을 이성에 모순된다고 주장하는 것은 하나님을 대적하여 주

> 장하는 것이다.[11]

한 걸음 더 나아가 칼뱅은 성경에 대한 구속사적인 조망을 시도함으로 유아 세례의 성경적 근거를 제시합니다. 하나님의 구속사에서 하나님의 은혜는 언제나 증가하고 확대되어 왔습니다. 예를 들어 하나님은 구약의 유대인들에게 허락하신 은혜를 신약 시대에는 온 세상에 아낌없이 베푸셨습니다. 그런데 구약 시대의 유대인들과 그들의 자녀들은 하나님의 언약과 그것의 표인 성례를 받았습니다. 이것이 사실이라면 신약 교회의 자녀들이 언약의 성례에 참여하는 것은 지극히 자연스럽고 당연한 것이라고 칼뱅은 주장합니다.

> 그러므로 하나님의 은총이 유대 백성에게 베풀어진 것보다 더 적게 그것을 우리와 우리 자녀들에게 베풀기 원하는 자는 누구든지 예수 그리스도에게 커다란 모욕과 모독을 가하는 것이다.[12]

이러한 주장은 구약과 신약 사이의 연속성을 전제로 하고 있습니다. 이와는 달리 재세례파는 구약과 신약의 단절성을 지나치게 강조하는 약점을 노출하고 있었습니다.

셋째, 구약과 신약의 역사를 거시적으로 보았을 때 유아들이 언제나 교회 공동체의 회원으로 자리매김되었다는 사실을 종교 개혁자들은 강조했습니다. 물론 가견 교회의 신자들과 그들의 자녀들이 모두 거듭난 신자들, 곧 비가견 교회의 구성원이라고 가르치지는 않았습니다. 이것을 알기 쉽게 설명하기 위해 종교 개혁자들과 그들의 계승자들은 (교회) 언약을 크게 외면 언약(external covenant)과 내면 언약(internal covenant)으로 구분했습니다. 주지하다시피 구약 교회 안에는 하나님과 맺은 언약을 파괴하고 하나님을 대적한 사람들도 포함되어 있었습니다. 그럼에도 하나님께서 구약의 이스라엘 백성 전체를 가리켜 '내 백성'이라고 부르셨을 때, 이것은 결코 거짓된 진술이 아닙니다. 왜냐하면 외면 언약을 따라 하나님은 그렇게 부르실 수 있기 때문입니다. 요컨대 외면 언약의 관점에서 보았을 때, 구약의 유대인들과 그들의 자녀들은 모두 아브라함의 자녀입니다. 그들의 신분을 외면적으로 드러내는 표가 바로 할례의 성례였습니다. 물론 외면 언약에 속한 자들 가운데 상당수가 알곡에 해당합니다. 그러나 외면 언약의 모든 구성원이 알곡은 아닙니다.

한편 하나님께서 구약과 신약의 교회를 통틀어 보이지 않는 교회의 구성원들과 맺은 언약은 흔히 "내면 언약"이라고 불립니다. 어떤 이들은 내면 언약을 가리켜 "좁은 의미에서의 은혜 언약"으로, 외면 언약을 "넓은 의미에서의 은혜 언약"으로 부르며 양자를 구분하기도 했습니다. 보다 일반적인 구분에 따르면 전자는 비가견 교회에 속한 참 신자이며 후자는 가견 교회에 속한 일반 신자-

알곡과 가라지 모두 포함–라고 말할 수 있습니다.

문제는 재세례파의 교회론은 이러한 전통적인 구분을 인정하지 않는다는 것입니다. 눈에 보이는 지상 교회를 최대한 (택자만으로 구성된) 천상의 교회와 일치시키고자 했던 이들은 외면 언약과 내면 언약의 구분을 거절하고 그들의 (가견)교회 회원 모두를 내면 언약에 속한 택자들로 규정했습니다. 이러한 재세례파의 입장은 중세 로마 가톨릭 교회의 교회론과 정반대의 극단에서 종교 개혁자들을 위협했습니다.

종교개혁과 종교개혁을 계승한 교회는 전통적인 로마 가톨릭의 교회론과 재세례파의 급진적인 교회론 사이에서 균형 잡힌 성경적인 교회론을 모색해야 했습니다. 한편으로 그들은 외면적인 통일성을 강조하다가 보다 영적이고 본질적인 진리 안에서의 하나 됨을 상실한 로마 가톨릭 교회의 교회론을 비판했습니다. 그러나 국가 교회와 보편적 가견 교회의 개념 자체를 반대하지는 않았습니다. 구약 시대에 이스라엘 백성으로 구성된 국가 교회를 세운 분이 바로 하나님 자신이었기 때문입니다.

다른 한편으로 종교 개혁자들과 그들의 계승자들은 재세례파의 분리주의적 교회론과 구약과 신약의 단절성을 강조하는 성경관, 그리고 유아 세례를 부정하는 그들의 성례론을 비판했습니다. 그러나 그들이 채택한 회중주의 교회 정부 형태를 전면 부인할 수 없었습니다. 무엇보다 웨스트민스터 총회에 참석한 대표들 가운데 일부(독립파)와 뉴잉글랜드로 건너간 비분리파 회중주의자들 역시 회중주의를 가장 성경적인 교회 정부의 모델로 믿고 있었기 때문입니다. 17세기 중엽 개혁파 전통 안에서 활발하게 진행된 교회론 논쟁을 이해하는 데 있어 이러한 사실을 숙지하는 것은 매우 중요합니다.

청교도의 교회론 논쟁

종교개혁이 시작된 지 백여 년이 흐른 후, 영국에서 웨스트민스터 총회(1643–1649)가 개최되었습니다. 일찍이 교회론과 관련하여 16세기 종교 개혁자들은 주로 외부의 적들과 논쟁을 벌였습니다. 로마 가톨릭 교회와 재세례파가 주된 논적이었습니다. 그러나 17세기에 들어오면 사뭇 양상이 달라집니다. 종교개혁을 지지하는 청교도 안에서도 (특히 교회론을 둘러싸고) 적지 않은 이견과 다툼이 벌어졌습니다. 일례로 웨스트민스터 회의장 밖에서는 특히 두 세력 간에 '소책자 전쟁'이 벌어지고 있었습니다. 한편에는 국가 교회의 커다란 틀 안에서 장로 정치의 이상을 주장하는 스코틀랜드 장로교주의자들이 있었습니다. 이들과 더불어 장로교 정부 형태를 지지하는 영국의 청교도 성직자들이 총회의 다수를 차지했습니다. 다른 한편에는 (비록 상대적으로 소수였지만) 국가 교회 체제로부터 벗어나 교회의 독립성을 강조하며 회중주의가 가장 성경적인 교회 정부 형태라고 믿었던 영국의 독립파와 뉴잉글랜드 비분리파 회중주의자들이 있었습니다.

흥미로운 것은 양측 모두 각자의 교회 정부 체제를 가장 성경적이라고 주장했다는 것입니다. 또한 상대방의 입장을 각각 로마 가톨릭의 교황 정치와 재세례파의 분리주의에 근접하는 교회론으로 매도하는 좋지 않은 태도를 보이기도 했습니다. 사실은 전혀 그렇지 않았는데 말입니다. 이 때문에 오늘날 17세기 사료에 접근하는 연구자들은 주의를 기울여야 합니다. 자칫하면 반대편의 입장에서 작성된 지나치게 과장되었거나 의도적으로 왜곡된 정보를 가지고 잘못된 평가를 내릴 수 있기 때문에 그렇습니다. 우리는 제3자가 전해주는 말에 의존하기에 앞서 당사자의 목소리에 직접 귀를 기울일 필요가 있습니다. 아울러 (특히 장로교회의 전통을 계승한) 우리는 회중주의에 대한 선입관을 잠시 내려놓고 당시 쟁점이 된 사안을 최대한 객관적으로 바라보는 태도가 필요합니다.

논쟁의 발단은 다음과 같습니다. 1630년대에 이르면 영국 청교도의 일부가 뉴잉글랜드로 이주합니다. 일찍이 1620년에 메이플라워호를 타고 플리머스에 도착했던 필그림과는 구별되는 집단입니다. 필그림은 영국 국교회를 거짓된 교회로 규정한 후 이로부터 독립된 자신들만의 교회를 건립했습니다. 이 때문에 필그림은 "분리주의자들"로 불립니다. 이에 비해 1630년대에 뉴잉글랜드 지역으로 이주한 청교도는 영국 국교회를 거짓 교회로 정죄하지 않았습니다. 다만 충분히 개혁되지 못한 교회라고 주장했습니다. 그들은 영국 국교회 안에서의 교회 개혁을 추구했기 때문에 "비분리파" 청교도라고 불립니다. 이 점에서 그들은 영국에 남아 있던 대다수의 (장로교주의) 청교도와 같은 의견이었습니다.

문제는 그들이 뉴잉글랜드로 떠난 후에 발생했습니다. 영국 본토로 심상치 않은 소식이 들려오기 시작한 것입니다. 그것은 뉴잉글랜드로 건너간 형제들이 분리주의자들이 되어버렸다는 소문이었습니다. 특히 국가 교회로서의 장로교회 정부 형태를 버리는 대신 그들이 선택한 회중 교회는 오직 거듭난 자들만으로 구성된 분리주의 교회라는 소문이 널리 퍼졌습니다. 이에 영국의 청교도 지도자들은 뉴잉글랜드의 회중 교회 지도자들에게 공개 서한을 발송하기 시작했습니다. 이에 대해 후자는 비록 자신들이 회중주의 교회 정부 형태를 채택한 것은 사실이나 이것이 결코 분리주의 교회론을 수용한 것은 아니라는 내용의 답신을 보냈습니다. 이처럼 초기에는 주로 질의응답 형태의 비교적 단순한 서신 왕래가 이루어졌습니다.

1640년대에 들어서면서 이것은 점차 신학 논쟁의 성격을 띠기 시작했습니다. 이 과정에서 서로에 대한 비판의 수위가 높아졌습니다. 아울러 오해와 불신이 쌓여갔습니다. 특히 뉴잉글랜드 회중 교회가 새롭게 시도하거나 도입한 내용들이 도마에 올랐습니다.

예를 들어, 교회를 처음 개척할 때 '교회 언약'(church covenant)을 맺는 새로운 예식을 도입한 것, 또한 교회의 정회원 제도를 만들고 정회원이 되기 위해 회중 앞에서 자신의 회심 혹은 은혜 체험에 대한 간증을 하도록 규정한 것 등이 주목을 받았습니다. 이 외에도 (결국 오해로 드러나긴 했지만) 뉴잉글랜드의 교회들은 이웃 교회의 교인들이 본 교회의 교인들과 더불어 성찬에 참여하는 것을 금하는 등 매우 배타적인 개교회주의를 실천한다는 소문이 있었습니다. 한마디로 스코틀랜드 장로교주의자들은 뉴잉글랜드 (비분리파) 회중주의자들을 가리켜 분리주의자들이라고 정죄했습니다.

뉴잉글랜드 회중 교회 지도자들도 가만히 있지 않았습니다. 그들 역시 영국과 스코틀랜드의 장로교주의에 대해 강도 높은 비판을 시도했습니다. 무엇보다 한 노회가 여러 지교회들을 수직적으로 다스리는 노회 정치는 성경의 지지를 받지 못한다고 주장했습니다. 한 걸음 더 나아가 국가 교회로서의 장로교 정치와 장로교주의자들이 수용하는 가견적 보편 교회의 개념은 로마 가톨릭의 그것과 크게 유사하다고 비판했습니다. 일례로 뉴잉글랜드 회중 교회를 대표하여 논쟁에 참여한 토마스 후커(1586-1647)에 따르면, 만일 장로교회의 총회가 그들의 수장을 선출하여 그에게 모든 치리권을 위임한다면 장로교회 체제는 일순간에 로마 가톨릭의 교황 정치 혹은 감독 정치로 변화될 수 있는 위험 요소가 있었습니다.[13] 물론 후커의 이러한 우려는 과장된 것이었습니다. 실제로 웨스트민스터 총회에 참석했던 대다수의 장로교주의자들은 교황 정치는 물론 영국 국교회의 감독 정치도 비판했기 때문이었습니다.

한편 뉴잉글랜드 비분리파 회중 교회를 분리주의로 정죄한 시도 역시 문제가 있었습니다. 많은 경우 이들에 대한 영국과 스코틀랜드 장로교주의자들의 단호한 입장은 상당히 과장되거나 잘못된 정보, 그리고 오해에서 비롯된 것이었습니다. 첫째, 뉴잉글랜드 회중 교회는 오로지 거듭난 자들만으로 구성된 분리주의 교회라는 주장은 사실이 아니었습니다. 뉴잉글랜드 비분리파 회중 교회는 교인을 크게 정회원과 일반 교인으로 구분했습니다. 교인을 오로지 거듭난 자들만으로 제한시켰다는 소문과 달리, 이들은 교회의 문턱을 누구에게나 개방했습니다. 자연히 일반 교인들이 교회 구성원의 상당수를 차지했습니다. 일반 교인들 가운데 교회의 정회원이 되길 희망하는 신자에 한하여 교회는 신앙 고백과 은혜 체험의 간증을 요구했습니다. 그리고 공적으로 신앙을 고백한 자들과 이를 통해 지교회의 정회원이 된 신자의 자녀들에게 교회는 성례-후자에게는 유아 세례-를 베풀었습니다. 이것은 오늘날 세례 교인을 따로 구분하여 그들에게 교회의 공적인 성례와 치리에 참여하도록 규정하는 한국 장로교회의 모습과 별반 다르지 않습니다.

그러나 당시 스코틀랜드 국가 교회의 장로교인들 편에서 보았을 때 이것-특히 유아 세례를 정회원의 자녀에게로 제한하는 것-은 매우 생소한 것이었습니다. 국가 교회 안에서는 국민 모두가 (이론적으로는) 신자요 교회의 정회원이었기 때문에 교회 안에서 태어나는 모든 자녀들은 차별 없이 유아 세례를 받을 수 있었기 때문입니다. 이러한 역사적 정황을 고려할 때, 영국과 스코틀랜드의 장로교회가 당시 뉴잉글랜드 비분리파 회중 교회의 새로운 시도에 대해 의구심을 표현한 이유를 어느 정도 이해할 수 있었습니다.

둘째, 소문과 달리 뉴잉글랜드 회중 교회 역시 장로들을 선출했습니다. 일상적인 일들에서는 (회중이 선출한) 장로들을 통한 치리와 권징을 행하고 있었습니다. 다만 담임 목사의 청빙 및 해임을 결정하는 것과 교회의 정회원을 새롭게 받아들이거나 수찬 정지를 포함하여 회원권을 정지시키는 등의 중요한 사안을 결정해야 하는 경우, 교회는 정회원 전체의 의사 결정에 따라 치리를 행했습니다. 그러나 이 경우에도 회중이 그들의 대표로 선출한 성직자들의 리더십은 존중되었습니다. 특히 성경을 주해하고 가르치는 목사의 역할이 핵심적이었습니다. 회중은 목사가 성경을 바르게 해석하고 적용하는 한, 목회자의 권위에 온전히 순종해야 했습니다.

바로 이 부분에서 스코틀랜드의 장로교인들은 이의를 제기했습니다. 상대적으로 성경 말씀에 무지한 회중에게 어떻게 교회의 중대한 사항에 대한 결정권을 무책임하게 맡길 수 있느냐는 것이었습니다. 이에 대해 뉴잉글랜드 회중 교회는 잘 준비된 대답을 했습니다. 바로 그렇기 때문에 그들은 교회 안에 정회원 제도를 새롭게 도입했다는 것입니다. 교회의 영적인 치리에 아무나 참여해서는 안 되기 때문에 적어도 예수 그리스도를 구주로 고백하는 고백신자들(Professors)에게 정회원의 자격을 부여하고 이들에게 (특별히 중요한 사안에 대해서는) 의사 결정권을 허락한다는 논리였습니다.

아울러 비판자들이 언급한 "무지한 회중"에 대해 뉴잉글랜드 회중 교회 지도자들은 매우 예민하게 반응했습니다. 적어도 종교개혁을 계승한 교회 안에서 회중은 더 이상 진리 말씀에 대해서 결코 '무지'해서는 안 된다는 것이 그들의 확신이었기 때문입니다. 이 문제에 대해서는 좀 뒤에 가서 생각하도록 하겠습니다.

셋째, 뉴잉글랜드 비분리파 회중 교회가 심한 개교회주의에 의해 오염되었다는 소문 역시 잘못된 정보에서 비롯된 오해였습니다. 오히려 뉴잉글랜드 교회들은 각 지교회 사이의 연합을 강조하였습니다. 한 걸음 더 나아가 지교회들의 연합체를 구성했는데 이것은 일종의 노회와 유사한 것이었습니다. 다만 치리권의 행사 방식과 강제력에 있어 (당시 스코틀랜드 교회가 표방하는) 국가 교회로서의 장로교회가 행사하는 치리의 성격-수직적이며 강제력을 수반함-과는 사뭇 다른 입장을 취했습니다.

예를 들어, 이들은 연합체(노회)의 결의를 '권면'의 차원에서 이해하고 설명했습니다. 만일 지교회가 노회의 결의를 따르지 않을 경우, 연합체가 적용할 수 있는 치리의 한계는 그 지교회와의 교제를 단절하는 조치에 그쳤습니다. 쉽게 말해 노회가 지교회를 강제적으로 통제할 수는 없었습니다. 이것이 성경이 가르치는 치리의 영적인 성격을 잘 드러낸다고 이해했습니다(마 18:17). 물론 연합체로서의 노회가 성경의 원리를 충실하게 반영하는 결의를 제시할 경우 각 지교회는 이것에 반드시 복종해야만 한다고 가르쳤습니다. 그러나 여기서의 복종은 도덕적이며 자발적 순종이지 강제력을 포함하는 것은 아니었습니다. 흥미로운 것은 이들 역시 사도행전 15장에 등장하는 예루살렘 회의를 교회 정치의 이상적인 모델로 삼았다는 것입니다. 물론 그들이 표방하는 회중주의 교회 정치의 모델을 따라 성경을 해석했습니다. 따라서 이방인 형제 교회들을 위한 예루살렘 회의의 결의 사항[14]을 '권면'으로 이해했습니다. 또한 각 지교회는 그들의 자율적인 결의에 따라 예루살렘 회의의 결의 사항에 자발적으로 순종한 것이라고 설명했습니다.

종합적으로 판단해 볼 때, 뉴잉글랜드 비분리파 회중 교회는 장로교회가 표방하는 '노회 정치'와는 분명히 구분되는 입장을 취했습니다. 그렇다고 해서 그들의 회중 정부 체제를 가리켜 분리주의나 개교회주의로 매도하는 것은 매우 부당했습니다. 오히려 그들은 (현대 장로교회의 현실에 비추어 보았을 때) 제한적인 의미에서 회중주의적 장로 정치의 원리를 새롭게 실험하고 있었다고 말할 수도 있습니다. 특히 오늘날 국가 교회 체제를 경험해보지 못한 우리에게는 그렇게 말하는 것이 좀 더 현실에 가까울 수 있습니다. 그렇다면 1630년대에 뉴잉글랜드로 건너간 청교도 지도자들은 어느 정도 예상되었던 오해와 비판을 감수하면서까지 회중 교회의 교회 정부 형태를 선택한 까닭은 무엇이었을까요?

뉴잉글랜드 청교도의 실험

1630년대에 뉴잉글랜드로 건너온 존 코튼, 토마스 후커, 리처드 매더, 존 데번포트 등과 같은 뉴잉글랜드 회중 교회의 초기 지도자들은 특별한 사명 의식을 공유하고 있었습니다. 그것은 루터와 칼뱅 그리고 (영국의 경우) 헨리 8세 때부터 시작된 종교개혁의 과업을 완수하는 사명에 관한 것이었습니다. 16세기 종교개혁으로 말미암아 강단의 회복이 이루어졌고 이로 인해 참 복음과 진리 말씀의 선포가 이루어졌다는 데에 이들은 온전히 동의했습니다. 그런데 문제는 종교개혁이 성공적으로 진행된 이후로도 회중은 여전히 수동적인 위치에 머물고 있다는 사실이었습니다. "무엇이 가장 성경에 부합하는 교회의 모습일까?" 이 물음에 대한 답을 구하는 과정에서 이들은 성경이 묘사하는 교회 공동체의 모습이 그들이 경험하고 있는 교회의 모습과는 사뭇 다르다는 사실을 발견했습니다. 무엇보다 구약의 예언서들이 그려내는 새 언약 시대의 교회 공동체는 회중의 적극적인 참여를 특징으로 갖는다는 사실에 주목했습니다. 이들이 발견한 여러 가지 특징들 가운데 특별히 두 가지 특징만 살펴보기로 하겠습니다.

자명성: 진리 지식의 보편화[15)]

새 언약 시대의 교회가 갖는 가장 눈에 띄는 특징은 하나님 지식 혹은 진리 지식이 보편화된다는 데 있습니다. 이것을 보여주는 대표적인 구절들로는 예레미야 31:34, 에스겔 43:11, 하박국 2:14, 이사야 11:9 등이 있습니다.

> 그들이 다시는 각기 이웃과 형제를 가르쳐 이르기를 너는 여호와를 알라 하지 아니하리니 이는 작은 자로부터 큰 자까지 다 나를 알기 때문이라(렘 31:34).

> 이는 물이 바다를 덮음 같이 여호와의 영광을 인정하는 것이 세상에 가득함이니라(합 2:14).

하박국 선지자가 예언한 "여호와의 영광을 인정하는 것이 세상에 가득함이니라" 하는 말씀은 이사야 11:9의 예언과 동일한 것, 곧 하나님 지식의 충만함을 의미하는 것으로 해석되었습니다.

> 이는 물이 바다를 덮음 같이 여호와를 아는 지식이 세상에 충만할 것임이니라(사 11:9).

이들은 또한 특히 에스겔 43:11 말씀에 주목했습니다.

만일 그들이 자기들이 행한 모든 일을 부끄러워하거든 너는 이 성전의 제도와 구조와 그 출입하는 곳과 그 모든 형상을 보이며 또 그 모든 규례와 그 모든 법도와 그 모든 율례를 알게 하고 그 목전에 그것을 써서 그들로 그 모든 법도와 그 모든 규례를 지켜 행하게 하라(겔 43:11).

상기한 말씀은 교회 공동체의 모든 구성원이 하나님을 아는 지식뿐 아니라 교회에 관한 지식, 곧 교회의 각종 제도와 구조 그리고 교회를 운영하는 모든 치리와 법도에 관한 세부적인 지식까지도 갖추게 될 것을 잘 보여준다고 그들은 해석했습니다.

그렇다면 하나님 지식과 교회에 관한 회중의 지식이 보편적으로 증대할 것이라는 예언의 말씀이 성취되도록 하기 위해 그들은 어떤 노력을 기울였을까요? 무엇보다 성경을 가르치는 데 전력했습니다. 주로 설교, 성경 강해, 요리문답, 가정 예배 등을 통해 회중은 성경에 대한 폭넓고 깊이 있는 학습을 할 수 있었습니다. 이 가운데 뉴잉글랜드 청교도의 주일 예배는 긴 설교로 유명했습니다. 당시의 사료들을 통해 우리는 1630–40년대 뉴잉글랜드 회중교회의 주일 예배 풍경을 비교적 상세하게 그려낼 수 있습니다. 보통 주일에는 두 번의 공예배, 곧 오전 9시 예배와 오후 2시 예배가 있었습니다. 예배 순서는 다음과 같이 간단했습니다.

개회 기도

성경 봉독 및 간략한 해설

시편 찬송

설교

시편 찬송

기도

성만찬 예식은 앞의 순서 이후에 진행되었으며 성찬 후 시편 찬송과 축도로 예배를 마쳤습니다. 비록 예배 순서는 간략했지만 총 예배 시간은 대략 세 시간 반 정도 걸려서 진행되었습니다. 이것은 보통의 경우 설교와 기도가 각각 두 시간과 한 시간 이상 걸렸음을 의미합니다. 이 시기 사료들을 연구하면서 흥미로운 내용을 읽었던 기억이 납니다. 오전 예배 후 점심 식사를 하고 오후 예배를 준비할 수 있는 시간적 여유를 확보하기 위해 가급적 예배를 12시 30분까지는 마쳐 달라는 주문이었습니다. 이것은 여러 교회에서 오전 예배가 세 시간 반 이상 길게 진행되는 경우도 자주 있었다는 사실을 시사해줍니다.

이처럼 긴 설교를 통해 설교자들은 회중에게 성경을 자세하게 가르쳤습니다. 이 시기의 여러 교회들에서 선포된 설교를 광범하게 연구한 앨런 카르덴의 보고에 따르면 당시 대다수의 설교는 주해 설교였으며 구약과 신약의 본문을 골고루 강해했다고 합니다.[16] 예를 들어, 보스턴 교회를 섬겼던 존 코튼 목사는 약 19년 동안 주해 및 강해 설교의 방식으로 구약과 신약의 전체 책들을 순서에 따라 강해했습니다. 이처럼 긴 성경 주해 설교를 당시 대다수의 설교자들은 원고를 거의 읽지 않고 주로 암기에 의존하여 강해했다고 합니다. 참으로 놀랍습니다.

한편 회중 역시 성경을 배우는 데 있어 목회자들의 열심 못지않은 열의를 보여주었습니다. 엘리스 얼의 연구에 따르면 당시 대다수의 교인들은 목사의 "긴 설교와 예언을 결코 싫어하지 않았다"고 말합니다. 오히려 긴 설교를 통해 성경 말씀을 깊이 있게 배우는 것을 회중의 권리라고 생각했다는 것입니다.[17] 적지 않은 수의 교인들은 목사의 설교를 열심히 받아 적었습니다. 일례로 제 박사 논문의 연구 대상이었던 토마스 후커 목사의 설교문 가운데 1638년 추수 감사 주일 설교문이 매튜 그랜트라는 교인이 남긴 노트에 요약 정리되어 지금까지 전해집니다. 그런데 그 분량이 자그마치 31페이지나 됩니다.

이 밖에도 뉴잉글랜드 회중 교회의 교인들은 보다 적극적인 태도로 진리 말씀을 배우는 일에 참여했습니다. 첫째, 뉴잉글랜드에 청교도가 정착하기 시작한 초기에는 주일 예배를 마친 후 그날 선포된 설교 말씀에 대한 추가적인 해설과 질의 시간이 있었습니다. 교인들은 설교를 통해 받은 은혜를 나누거나 설교 본문과 관련하여 설교자나 교사에게 질문할 수 있었습니다.

둘째, 교인들은 매주 2-3회 정도 집회에 참석하여 성경을 배울 수 있었습니다. 보스턴 교회의 경우 존 코튼 목사는 매주 목요일에 성경을 강해했는데 많은 교인들이 참석했습니다. 때로는 사람들이 교회에 너무 자주 오는 것이 문제가 되어 관료들과 목회자들이 함께 모여 교회의 모임 횟수와 시간을 제한할 필요성을 논의했을 정도였습니다.

셋째, 토요일 오후에는 많은 가정에서 부모가 자녀들에게 교리 공부를 시키며 주일을 준비했습니다. 주일 저녁에는 가장이 자녀들에게 그날 배운 설교 말씀에 대해 묻고 자녀들이 대답하는 시간을 가졌다고 합니다.

자발성: 회중의 능동적 참여

새 언약 시대의 교회를 특징짓는 두 번째 특징은 자발성에 있습니다. 새 언약의 대표적인 텍스트 가운데 하나인 에스겔 36장은 자발성의 원리를 다음과 같이 예언하고 있습니다.

> 또 새 영을 너희 속에 두고 새 마음을 너희에게 주되 너희 육신에서 굳은 마음을 제거하고 부드러운 마음을 줄 것이며 또 내 영을 너희 속에 두어 너희로 내 율례를 행하게 하리니 너희가 내 규례를 지켜 행할지라(겔 36:26-27).

성령께서 신자의 마음을 변화시켜서 신자로 하여금 하나님의 율법을 자발적 의지로 지키고 순종하도록 역사할 것이라는 예언입니다. 이것은 신약 시대를 살아가는 우리 모두에게 해당되는 말씀입니다. 내가 십자가의 은혜를 체험한 하나님의 자녀라면 성령께서 내 마음에 새 마음을 창조해 주신 것이 분명합니다. 그 결과 하나님의 말씀을 진심으로 사랑하고 그의 말씀에 순종하는 삶을 살고자 하는 열망을 경험합니다. 또한 이러한 삶 속에서 행복감을 느끼는 것이 성도에게는 지극히 자연스러운 것이라고 말할 수 있습니다.

한 걸음 더 나아가 뉴잉글랜드 청교도는 새 언약의 자발성을 교회론의 영역으로 적용하고자 시도했습니다. 그들이 특히 즐겨 읽은 성경 말씀은 이사야 44:5과 앞서 인용한 에스겔 43:11 말씀입니다.

> 한 사람은 이르기를 나는 여호와께 속하였다 할 것이며 또 한 사람은 야곱의 이름으로 자기를 부를 것이며 또 다른 사람은 자기가 여호와께 속하였음을 그의 손으로 기록하고 이스라엘의 이름으로 존귀히 여김을 받으리라(사 44:5).

> 만일 그들이 자기들이 행한 모든 일을 부끄러워하거든 너는 이 성전의 제도와 구조와 그 출입하는 곳과 그 모든 형상을 보이며 또 그 모든 규례와 그 모든 법도와 그 모든 율례를 알게 하고 그 목전

에 그것을 써서 그들로 그 모든 법도와 그 모든 규례를 지켜 행하게 하라(겔 43:11).

상기한 말씀에 비추어 볼 때, 새 언약 시대의 성도는 결코 수동적인 자세에 머물러 있지 않습니다. 회중석에 가만히 앉아 진리의 말씀을 듣고 배우는 데 만족하지 않습니다. 그들은 담대히 일어나 자신이 주님께 속한 하나님의 자녀임을 자신의 입을 열어 당당하게 고백할 것입니다. 또한 공적인 고백에 그치지 않고 그것을 손으로 써서 기록할 것입니다(사 44:5). 아울러 하나님의 율례를 분명히 알고 그것을 지킬 것이라는 예언은 (앞서 언급한 대로) 하나님을 아는 지식에 그치지 않습니다. 하나님께서 친히 세우시고 그리스도를 머리로 하는 그의 교회에 관한 지식으로 크게 확장될 것입니다(겔 43:11).

뉴잉글랜드로 건너온 청교도 지도자들은 이러한 성경의 예언이 그들의 교회 안에서 성취되는 것을 소원했습니다. 한 걸음 더 나아가 회중의 자발적 참여를 공식화하고 제도화시키고자 시도했습니다. 그것을 구체화한 것이 바로 '교회 언약'입니다. 교회 언약은 뉴잉글랜드로 건너온 청교도가 새로운 정착지에서 교회를 처음 세울 때, 하나님과 성도 사이에 맺는 일종의 언약 예식입니다. 교회를 창립하는 교인들이 하나님과 그들 사이에서 교인의 거룩한 책임과 의무를 성실하게 수행할 것을 다짐하고 서약한 후에 공적인 문서에 서명했습니다.

지금도 뉴잉글랜드의 유서 깊은 교회들을 방문하면 그 교회의 역사를 기록한 가장 오래된 장부를 가지고 있습니다. 대부분의 경우 그 책의 첫 페이지에 등장하는 것이 바로 '교회 언약'입니다. 교회 언약에는 처음 교회를 세운 시기와 장소 그리고 창립 회원들에 대한 정보와 그들이 공적으로 서약한 내용과 각자의 서명이 등장합니다. 가장 간단한 형태의 교회 언약 문서들 가운데 하나는 1629년 살렘(Salem) 교회의 교회 언약입니다.

> 주님과 우리 모두 앞에서 우리는 다음과 같이 언약한다. 하나님 앞에서 우리는 서로 서로를 [언약의] 매는 줄로 연합시킬 것이며, 이로써 하나님께서 그의 복된 진리 말씀 안에서 우리에게 자신의 기쁘신 뜻대로 자기를 계시하신 것에 따라 우리가 그의 모든 길을 따라 행하기로 굳게 언약하는 바이다.[18)]

마치 결혼식에서 신랑과 신부가 하나님과 사람 앞에서 혼인 서약을 하듯이 당시 살렘 교회의 창립 회원들은 상기한 내용을 가지고 공적인 언약의 예식을 행했습니다. 이후 세월이 흘러 살렘 교회는 1636년에 새로운 담임 목사를 청빙하게 되었습니다. 휴 피터(Hugh Peter) 목사가 새로 부임하면서 기존의 교회 언약을 새롭게 갱신하는 예식을 행하게 됩니다. 1629년의 서약 내용에 아홉 개의 실천 강령들을 덧붙였는데 대부분은 교인의 거룩한 의무에 관한 것입니다.

뉴잉글랜드 청교도의 교회 언약은 나름대로 성경적인 근거를 가지고 있습니다. 구약의 하나님은 친히 출애굽 공동체와 더불어 특별한 언약을 맺고 이스라엘 국가 교회를 세우셨습니다(출 19, 24장). 흥미로운 것은 이 언약의 예식에서 이스라엘의 자발적인 동의가 부각되어 있다는 사실입니다.

> 백성이 일제히 응답하여 이르되 여호와께서 명령하신 대로 우리가 다 행하리이다(출 19:8).

> 언약서를 가져다가 백성에게 낭독하여 듣게 하니 그들이 이르되 여호와의 모든 말씀을 우리가 준행하리이다(출 24:7).

상기한 말씀에 따르면 하나님께서 최초의 국가 교회를 세우시고 이스라엘과 결혼 언약을 맺으시며 그들을 제사장 나라로 부르실 때, 하나님은 이것을 강제적으로 행하시지 않았습니다. 이스라엘의 의견을 묻고 예비 신부의 동의를 구하시는 모습이 상세히 기록되어 있습니다(출 19:3–8). 요컨대 교회 언약에 대한 회중의 자발적인 참여가 강조된 것입니다. 특히 명시적인 형태의 "언약서"(출 24:7)가 등장하는 것도 인상적입니다. 이것은 이미 앞서 소개한 에

스겔 43:11("그 목전에 그것을 써서")과 이사야 44:5("자기가 여호와께 속하였음을 그의 손으로 기록하고")에서 좀 더 분명하게 드러납니다. 이 말씀에 근거해서 뉴잉글랜드 회중 교회의 지도자들은 문서화된 형태의 교회 언약을 마련하고, 특정한 날에 회집하여 교회 언약의 예식을 치렀던 것입니다.

교회 언약 예식의 핵심적인 의미는 회중의 참여에 있었습니다. 그리스도의 신부로서 수동적인 위치에 머무르지 않았습니다. 주님과 주님의 교회에 대한 사랑과 신앙을 공적으로 고백했습니다. 또한 교인의 특권을 누림과 동시에 지교회를 섬기는 성도의 거룩한 책임과 의무를 다하겠다고 서약했습니다. 요컨대 성도 개개인의 자발적인 의지를 표현하는 데 그 의의가 있었던 것입니다. 이러한 교회 언약의 정신에 비추어 볼 때, 뉴잉글랜드 회중 교회가 왜 (그토록 많은 오해를 불러일으켰던) 회심 혹은 은혜 체험에 대한 간증을 정회원이 되고자 원하는 자들에게 집요하게 요구했는지 비로소 이해할 수 있습니다. 새 언약 시대의 예배자는 자기의 입술로 신앙을 고백하는 고백자들이 되어야 한다고 그들은 확신했습니다. 콜드웰의 연구에 따르면 이러한 간증에 있어서 핵심적인 요소는 "그들 자신의 말과 방식으로" 자신이 받은 은혜를 표현하는 그 자체에 있었던 것입니다.[19]

우리의 과제

이상과 현실

이처럼 뉴잉글랜드 청교도가 이상적인 교회의 모델로서 직접 실험했던 회중 교회는 그 이후에 어떻게 되었을까요? 아쉽게도 제1세대 교인들이 꿈꾸었던 교회의 모습은 세대를 거듭해 갈수록 점차 사라지게 되었습니다. 외부적인 요인으로는 이민 환경의 변화를 지적할 수 있습니다. 특히 17세기 후반부터 스코틀랜드와 아일랜드로부터 밀려들어온 개신교 이민 인구는 뉴잉글랜드와 주변 지역에서 장로교회의 세력을 크게 증대시켰습니다. 동시에 뉴잉글랜드 비분리파 회중 교회의 입지는 차츰 약화되었습니다. 이후 일부 뉴잉글랜드 회중 교회들은 광범하게 조직화되고 안정적으로 성장하는 장로교회와 통합 내지 흡수되는 현상까지 나타났습니다.

그러나 쇠퇴의 가장 큰 요인은 회중 교회 내부에서 발견되었습니다. 이것을 잘 드러내주는 지표가 바로 "절반 언약"(the half-way covenant)의 도입이었습니다. 절반 언약은 일종의 준회원 제도였습니다. 이것이 도입된 배경은 다음과 같습니다. 애초에 교회 언약을 처음 제도화했을 때 교인들은 그들의 자녀들에 대한 동일한 소망을 공유했습니다. 곧 모든 자녀들이 부모의 본을 따라 회중 앞에서 공적으로 자신의 신앙을 당당히 고백하고 교회의 정회원이 되는 것입니다. 그들은 자녀들이 지교회를 섬기는 교인의 모든 특권을 누리고 성도의 거룩한 의무를 자발적으로 담당하는 아름다운 모습을 상상했을 것입니다.

그러나 현실은 그들의 기대에 크게 미치지 못했습니다. 제2세대에 해당하는 자녀들 가운데 상당수가 회중 앞에 나아가 공적인 신앙 고백과 은혜 체험의 간증을 하지 않거나 혹은 할 수 없었던 것입니다. 자연히 이들은 교회의 정회원이 될 때까지 성찬 참여는 물론 교회의 치리권에도 참여할 수 없었습니다. 문제는 이들이 성인이 되어 가정을 꾸리고 (이민 제3세대에 해당하는) 자녀들을 출산했을 때 불거져 나왔습니다. 교회 언약에 따르면 유아 세례는 정회원의 자녀들이 누릴 수 있는 특권이었습니다. 따라서 이들의 자녀들은 유아 세례를 받을 수 없게 된 것입니다. 1650년대 후반부터 이것은 뉴잉글랜드의 각 지교회들이 직면해야 했던 현실적인 문제가 되었습니다.

다수의 성직자들과 교회들은 교회 안에서 태어난 모든 제3세대의 자녀들에게 유아 세례를 베풀기를 원했습니다. 그들은 아직 정회원이 되지 못한 부모들 역시 이미 유아 세례를 받은 (일종의) 준회원이라는 사실을 지적했습니다. 적어도 유아 세례 교인의 자녀들에게는 (그들의 부모와 같은) 준회원의 자격이 부여되어야 한다고 주장했습니다. 요컨대 엄격한 원칙론보다는 현실론을 선택한 것입니다. 결국 이러한 현실론은 1657년과 1662년에 개최된 교회 회의에서 공식화되었습니다. 후일 여기서 확인된 준회원권 제도를 가리켜 사람들은 '절반 언약'이라고 불렀습니다.

엄밀한 의미에서 절반 언약은 회중주의의 장점을 드러내는 데에 전혀 기여하지 못했습니다. 본래 회중 정치는 회중으로 하여금 교회의 치리와 사역에 능동적으로 참여하는 것을 보장하는 것이 특징입니다. 그런데 이러한 권리를 행사하기 위해서는 정회원이 되어야 했던 것입니다. 게다가 오로지 정회원만이 성찬에 참여하고 치리와 관련하여 투표권을 행사할 수 있었습니다. 절반 언약을 통해 준회원의 자격에 머물러 있었던 회중은 자연히 수동적인 소수에 머무를 수밖에 없었습니다. 세월이 흘러갈수록 정회원의 비율은 점차 줄어들었습니다. 적지 않은 수의 지교회 안에서 정회원의 비율은 전체 교인 수의 10~20% 미만에 불과했다고 합니다. 어떤 측면에서 보면 교회 내의 소수만이 일종의 특권층이 되어 주님께서 지상의 가견 교회에게 허락하신 권리와 의무를 전담하게 되는 현상이 나타난 것입니다. 요컨대 회중 교회 스스로 회중 정치의 원리를 실현하지 못하고 만 것입니다.

새로운 균형을 위하여

앞에서 우리는 건전한 '균형'을 유지하는 것이 얼마나 중요한지에 대해서 살폈습니다. 종교 개혁자들은 로마 가톨릭 교회와 재세례파 사이에서 보다 균형 잡히고, 보다 성경에 충실한 교회론을 발견하여 후세대에게 물려주고자 노력했습니다. 그들이 강조한 '균형'의 중요성은 종교개혁을 계승한 청교도의 교회론 논쟁 안에서도 다시 확인되었습니다. 주지하다시피 1630년대 뉴잉글랜드 비분리파 청교도의 회중 교회는 결코 선을 넘어 분리주의나 개교회주의로 치우치지 않았습니다. 게다가 그들의 새로운 실험이 성경적인 근거를 결여한 것도 아니었습니다. 새 언약 시대의 이상적인 교회 공동체를 향해 그들이 보여준 남다른 열정은 오늘날 우리 모두에게 좋은 귀감이 됩니다.

그럼에도 그들의 회중주의는 크게 두 가지 면에서 약점을 노출했습니다. 그것은 지교회의 자율성과 회중의 자발성에 대한 지나친 낙관론이었습니다. 그들은 건전한 교회 전통에서 지상 교회의 특징 가운데 하나가 '전투하는 교회'라는 사실에 충분한 주의를 기울이지 못한 듯합니다. 회중주의는 지교회의 자율성을 크게 강조하여 지교회를 사실상 노회의 치리권으로부터 독립시켰습니다. 각 지교회가 영적으로 건강할 때는 문제점이 잘 드러나지 않습니다. 그러나 지교회 사이에 분쟁이 발생하거나 한 지교회가 이단에 의해 공격을 받게 될 때는 사정이 달라집니다.

예를 들어 봅시다. 요즘 한국교회는 신천지 이단의 공격적인 포교 활동으로 몸살을 앓고 있습니다. 그런데 노회 정치가 정상적으로 작동하는 조건 하에서 장로교단에 소속된 지교회는 회중 교회에 비해 훨씬 안정적으로 이단에 대응할 수 있습니다. 적어도 신천지의 소위 "산 옮기기" 전략은 장로교단에 소속된 지교회에 적용되기 힘듭니다. 왜냐하면 지교회를 세우거나 분립 혹은 해체시키는 최종 권위가 노회에 귀속되기 때문입니다. 지교회에 목사를 임명하여 파송하는 것 역시 노회가 담당합니다. 쉽게 말해 신천지 교인들이 한 지교회를 장악하려고 할 때, 그들은 그 지교회가 소속된 노회를 상대하여 싸워서 승리해야만 소위 "산 옮기기"를 실행할 수 있는 것입니다. 이에 비해 회중 교회의 사정은 많이 다릅니다.

이미 앞서 언급한 바대로 뉴잉글랜드 비분리파 회중 교회는 일종의 노회와 같은 연합체를 구성하고 있었습니다. 그러나 연합체의 치리는 지교회의 자율성을 넘어서는 강제성을 행사할 수 없었습니다. 가장 수위가 높은 권징이라고 해야 문제를 일으킨 지교회와의 교제를 끊어내는 데 그쳤습니다. 이것을 현재 한국교회의 현실에 적용해봅시다. 만일 투표권을 가진 지교회 회중의 다수가 신천지 이단의 가르침을 따르고 그들이 원하는 성직자를 청빙하고자 결의한다면 회중 교회의 연합체(노회)는 현실적으로 아무런 조치도 취할 수 없습니다. 다만 자율적 결정으로 이단 사상을 수용한 그 교회와의 관계만 단절할 수 있을 뿐입니다. 그런데 생각해 보세요. 바로 이런 식으로 지교회를 접수하는 것이 바로 신천지 이단이 목표한 것이 아니겠습니까?

뉴잉글랜드 회중 교회의 두 번째 약점은 회중의 자발성에 대한 낙관론이었습니다. 특히 부모 세대의 자발성이 자녀 세대에게로 어렵지 않게 계승되리라 기대한 것이 실수였습니다. 세속화의 거

대한 물결과 총력전을 치러야 하는 현실 속에서 교회의 미래를 자녀 세대의 자발적인 충성에만 맡겨버리는 것은 사실상 위험한 시도였습니다. 물론 복음 안에서 그리스도인이 가지고 있는 자율성과 자발성의 원리는 너무나도 소중한 것입니다. 그러나 '전투하는 교회'의 상황에서는 우리의 자녀를 그리스도의 군사로 강하게 키워낼 필요도 있는 것입니다.

뉴잉글랜드 회중 교회의 역사를 공부하면서 저는 선지자 모세의 설교 말씀이 자꾸만 떠올랐습니다.

> 오직 너는 스스로 삼가며 네 마음을 힘써 지키라 그리하여 네가 눈으로 본 그 일을 잊어버리지 말라 네가 생존하는 날 동안에 그 일들이 네 마음에서 떠나지 않도록 조심하라 너는 그 일들을 네 아들들과 네 손자들에게 알게 하라 네가 호렙 산에서 네 하나님 여호와 앞에 섰던 날에 여호와께서 내게 이르시기를 나에게 백성을 모으라 내가 그들에게 내 말을 들려주어 그들이 세상에 사는 날 동안 나를 경외함을 배우게 하며 그 자녀에게 가르치게 하리라 하시매(신 4:9–10).

> 곧 너와 네 아들과 네 손자들이 평생에 네 하나님 여호와를 경외하며 내가 너희에게 명한 그 모든 규례와 명령을 지키게 하기 위한 것이며 …… 네 자녀에게 부지런히 가르치며 집에 앉았을 때

에든지 길을 갈 때에든지 누워 있을 때에든지 일어날 때에든지 이 말씀을 강론할 것이며 너는 또 그것을 네 손목에 매어 기호를 삼으며 네 미간에 붙여 표로 삼고 또 네 집 문설주와 바깥문에 기록할지니라(신 6:2, 7-9).

모세는 하나님께서 출애굽 공동체와 더불어 소위 (국가) '교회 언약'을 맺는 현장에서 그것을 중재한 장본인이었습니다. 오늘 모세는 신세대를 향해 그들의 부모가 맺은 교회 언약을 상기시킵니다. 유독 모세는 자녀 세대에게 신앙을 전수하는 것을 거듭하여 강조합니다. 여기서 모세는 신앙의 전수가 부모 세대의 특별한 열심 없이는 성공적으로 이루어 질 수 없다는 사실을 우리에게 암묵적으로 전달하고 있습니다. 과연 그렇습니다. 효과적인 자녀 교육의 현장에는 언제나 자율성과 강제성이 적절한 균형을 이루고 있기 마련입니다. 신앙 교육은 더욱 그러하다고 생각합니다. 우리의 자녀들이 자신의 신앙을 가지고 하나님과 교회 앞에서 홀로 서기까지 부모들은 매우 적극적으로 그들을 돕고 훈련시켜야 합니다.

역사는 현재와 과거의 대화라는 말이 있습니다. 교회사 역시 마찬가지라고 생각합니다. 우리는 초대, 중세, 종교개혁, 그리고 청교도와 대화를 시도했습니다. 특별히 17세기 교회론 논쟁의 논객이었던 스코틀랜드 장로교주의자들과 뉴잉글랜드 회중주의자들 사이에 오간 의미 있는 대화를 소개했습니다. 이러한 대화를 통해 얻는 유익은 무엇일까요? 그것은 바로 '성숙'이 아닐까 생각합니다.

초두에 미리 언급한 두 가지 내용을 상기시켜드립니다. 첫째, 구속사적으로 조망할 때 교회는 지속적으로 성장해 왔다는 것입니다. 둘째, 교회는 끊임없이 개혁되어야 한다는 것입니다. 이 두 가지는 오늘날 우리에게도 거룩한 부담으로 적용되어야 합니다. 과연 하나님께서 현재 우리 교회에게 바라시는 성숙의 과제는 무엇일까요? 또한 좀 더 거시적으로 적용하여 오늘날 한국교회에게 필요한 성숙은 과연 무엇일까요? 우리는 함께 고민할 필요가 있습니다. 해답을 구하는 과정에서 우리의 선배들이 이미 경험했던 '성장통'의 기록들은 우리에게 좋은 참고서가 될 것입니다.

註

1) 행 7:38에 대한 세대주의 신학자 밀라드 에릭슨(Millard J. Erickson)의 다른 해석과 이에 대한 (보다 성경 주해상의 건전한) 비판에 대해서는 다음 논문을 참고하라. 김길성, "교회의 기원과 본질에 대한 연구", 「신학지남」 75:6 (2008): 32-59.
2) Avery Dulles, *Models of the Church* (New York: Image Book, 1978)의 제2-6장을 참고하라.
3) 초기 기독교의 교회 형태를 소개하는 알기 쉬운 연구서로 다음의 저작을 추천한다. 조병수, 『신약의 교회』(수원: 합신대학원출판부, 2011).
4) 대표적인 교부들은 다음과 같다. 오리게네스, 히에로니무스, 클레멘트, 크리소스톰, 이레나이우스, 테르툴리아누스, 키릴루스, 아우구스티누스, 순교자 유스티누스. 한편 교회사가들로는 소크라테스와 유세비우스 그리고 에피파니우스 등의 저작을 보라.
5) 수문품, 강경품, 구마품, 시종품, 차부제품, 부제품, 사제품 등의 7개 성직이다.

6) 대주교, 수석 대주교, 총대주교, 추기경, 교황 등은 모두 주교품에 해당하는 성직자라는 공통분모를 가진다. 물론 계급상의 차이가 있다.

7) Peter Lombard, *The Sentences* Book 4: On the Doctrine of Signs, Distinction XXIV, Chap.12, *translated by Giulio Silano* (Toronto: PIMS, 2010), 147.

8) J. Calvino, *Christianae Religionis Institutio* (Basileae, 1536), 문병호 역『라틴어 직역 기독교 강요』(서울: 생명의말씀사, 2009), 539.

9) Bernard Vogler, *Le Clergé protestant rhénan au siècle de la Réforme, 1555-1619* (Paris, Éditions Ophrys, 1976), 56–57; James Kittelson, "Luther the Educational Reformer," *Luther and Learning*, ed. Marilyn J. Harran (Selingsgrove: Susquehanna University Press, 1985), 105.

10) John H. Leith ed., *Creeds of the Churches*, 3rd ed (Louisville: John Knox Press, 1982), 282–292 [1st Article, 284]

11) J. Calvin, *Contre les errurs des Anabaptistes* (Geneve, 1544), 박건택 역 "재세례파 논박", 『칼뱅 작품 선집 V』(서울: 총신대출판부, 1998), 110.

12) Calvin, "재세례파 논박", 111.

13) Thomas Hooker, *A Survey of the Sum of Church Discipline* (London: A.M. for John Bellamy, 1648), 123, 251, 257.

14) "우상의 제물과 피와 목매어 죽인 것과 음행을 멀리할지니라 이에 스스로 삼가면 잘되리라 평안함을 원하노라 하였더라"(행 15:29).

15) 이후 소개하는 17세기 뉴잉글랜드 청교도의 예배와 신앙생활에 대한 보다 상세한 논의를 위해서는 다음 논문을 참고하라. 졸고, "17세기 뉴잉글랜드 청교도의 공예배 순서와 신학", 「신학정론」 30:2(2012): 659–696.

16) Allen Carden, *Puritan Christianity in America: Religion and Life in Seventeenth-Century Massachusetts* (Grand Rapids: Baker, 1990), 117–119, 122.

17) Alice M. Earle, *Sabbath in Puritan New England* (New York: Scribner's,, 1891, reprint 2008), 50.

18) Williston Walker, *A History of the Congregational Churches in the United States* (New York: The Christian Literature Company, 1894), 104; idem, *The Creeds and Platforms of Congregationalism* (New York: Scribner, 1893), 116.

19) Patricia Caldwell, *The Puritan Conversion Narrative* (Cambridge: Cambridge University, 1983), 46, 50, 55–56, 63–64, 71, 79, 102.

한국교회,
절망과 소망의
이중성

정창균

한국교회가 위기 상황에 처하여 있다는 것은 누구도 부인하지 않는 현실입니다. 우리는 한국교회의 현실을 위기 상황이라는 전제 아래 관찰하여 그 위기 상황의 실상이 무엇인지를 규명하고 이러한 상황이 초래하게 된 근본적인 원인이 무엇인가를 밝히면서, 이러한 위기 상황이 한국교회에 주는 의미와 극복을 위한 방안을 제시해보려고 합니다.

한국교회의 위기 상황

양적 성장의 쇠퇴

교회의 양적 성장이라는 관점에서 볼 때 한국교회는 위기에 처했다는 진단이 이미 1990년대 초부터 여러 곳에서 제시되어왔습니다. 한국교회가 이미 침체기에 접어들었다는 것은 아무도 부인하지 않는 사실입니다. 이러한 진단은 일차적으로 90년대에 접어들면서 시작된 한국교회의 숫자적 침체를 많은 이들이 그 근거로 들고 있습니다.

실제로 2005년 통계청이 조사한 국민주택 총 조사에 의하면 종교를 갖고 있는 종교 인구는 2005년 11월 1일 현재 국민 전체의 53.1%인 2,497만 명입니다. 이것은 1995년 이후 10년 동안 238만 명이 증가한 것으로 10.5%의 증가율을 보이고 있습니다. 이 가운데 불교 인구가 약 1,072만 6천 명으로 1995년부터 10년 동안 40만 5천 명이 증가하였습니다. 반면에 개신교 인구는 861만 6천 명으로 전체의 18.3%였으며 1995년 인구주택 총 조사 때보다 14만 4천 명이 감소하였습니다. 가톨릭 신자는 514만 6천 명으로 전체의 10.9%이며, 1995년 인구주택 총 조사 이후 10년 동안 219만 5천 명이 증가한 수치입니다.[1]

한국의 3대 종교 가운데 불교도 성장을 기록하고 특히 천주교는 급성장을 이루고 있음에 비추어 개신교만이 감소하는 것으로 확인되었습니다. 앞으로 20년 후에는 기독교 신자의 수가 500만 명대가 무너지고 400만 명대로 감소할 것이라고 예측하는 이들도 있습니다. 개신교 인구가 이렇게 감소하고 있는 위기 상황의 근본 원인이 무엇인지는 다양하게 제시될 수 있을 것입니다.[2]

아무튼 1960년대부터 30년 가까운 기간 동안 기독교 역사상 유례를 찾기 힘들 정도의 급성장을 누려오던 개신교가 이렇게 성장 침체를 거쳐 마이너스 성장으로 돌아선 현상 자체가 한국교회의 위기 상황으로 인식되고 있음을 부인할 수 없습니다.

도덕성 상실로 인한 사회적 불신

한국교회가 직면하고 있는 양적 성장의 침체보다 더 심각한 위기 상황은 도덕성 상실로 인한 대사회적 영향력의 쇠퇴와, 더 나아가 교회 안팎으로부터 받는 불신과 비난입니다. 기독교윤리실천운동(기윤실)이 한국교회에 대한 한국 사회의 신뢰도를 측정하기 위하여 수행한 여론 조사의 결과는 한국교회가 사회로부터 받는 신뢰라는 관점에서 볼 때 얼마나 큰 위기 상황에 처해있는지를 잘 보여줍니다.[3)]

이 조사에서 기독교는 가톨릭(35.2%), 불교(31.1%)에 훨씬 못 미치는 신뢰도(18.0%)를 얻고 있습니다. 특히 종교가 없다고 응답한 사람들 중에 가장 신뢰하는 종교로 기독교회를 선택한 응답자는 겨우 7.6%에 그치고 있는 반면 가톨릭 교회를 가장 신뢰한다는 응답자는 37.9%, 불교는 29.0%를 얻고 있습니다. 한국교회에 대한 불신자 곧 한국 사회의 신뢰도가 다른 종교들에 비하여 훨씬 떨어지고 있습니다. 그리고 한국교회에 대한 신뢰도가 이렇게 저조한 현실을 극복하기 위해서 교회가 노력해야 할 것들은 무엇인가에 대하여는 봉사 및 구제 활동(47.6%), 윤리와 도덕실천 운동(29.1%)을 중요하게 여기는 것으로 나타났습니다. 신뢰 상실의 결정적인 원인이 도덕성의 상실 혹은 도덕적 부패에 있음을 드러내주고 있는 것입니다.

이런 점에서 볼 때 한국교회의 도덕적 실패가 앞에서 지적한 양적 침체의 중요한 원인이 되고 있다는 판단을 할 수도 있습니다. 사실, 교회 때문에 교회에 안 나간다는 사람이 의외로 많이 있다는 것은 이미 널리 알려진 바입니다. 목회자나 혹은 교회가 범한 도덕적 문제가 원인이 되어 교인들이 떼 지어 다른 교회로 옮겨가거나, 아예 신앙생활을 중단해버리는 교인들도 늘어가고 있으며, 그것이 더 심해져서 이제는 아예 다른 종교로 개종하는 사람이 늘고 있기도 합니다.

"교회 때문에"라는 말의 핵심적인 내용은 개인 신자들과 그들이 모인 공동체로서의 교회들이 이 사회가 그들에게 걸어온 기대에 부응하는 "신자다운 삶"을 살고 있지 않음에 대한 실망감이라고 할 수 있습니다. 한국 사회 안에는 이미 반기독교 운동을 조직적으로 강력하게 펼치는 그룹들이 일어나고 있습니다. 그리고 그들 가운데 일부는 시민 단체로 발전하기도 하였습니다. 반기독교 그룹이나 시민 단체들이 내세우는 반기독교적 주장의 내용들은 대부분 한국교회의 도덕성의 문제와 연결되어 있습니다.[4)]

그리하여 이제는 교회 밖의 시민 단체들이 교회를 개혁하겠다고 소리를 높이는 상황이 전개되고 있습니다. 그야말로 교회와 교회의 주인이신 하나님께서 능욕을 당하고 있다고 해도 과언이 아닙니다. 그런데 이 나라에서 확산되고 있는 조직적이고 과격한 반기독교 운동들은 다분히 그동안 한국 기독교인들이 불신 사회에 대하여 보여준 윤리적 실패로부터 기인했다는 점에서 그리스도인들에게 우선적인 책임이 있습니다. 말하자면 신자들이 신자가 아닌 것처럼 살고, 교회들이 교회가 아닌 것처럼 처신해온 것의 결과인 것입니다.

사회와 타종교로부터의 반기독교적 압력

한국교회는 위에서 언급한 것과는 또 다른 양상의 위기 상황에 처해 있습니다. 이 나라의 반기독교 운동은 반교회 운동으로 나아가다가, 이제는 반 그리스도 운동, 그리고 반유일신 운동으로 나아가고 있습니다. 예수님만이 유일한 구원자라는 신앙, 하나님만이 유일하신 참 하나님이라는 믿음을 버리라는 강하고 과격한 요구를 쏟아내고 있는 실정입니다. 예수만이 유일한 구원자라는 배타적 교리와 오직 하나님만이 유일하신 하나님이라는 독선적 교리를 버리고 종교 간의 화합과 상생의 장으로 나아와서 다른 종파들과 손에 손을 잡고 화합하여 이 사회의 화합과 평화에 기여하라는 것입니다. 이것이야말로 근래에 한국교회가 직면하고 있는 최대의 도전이라고 할 수 있습니다. 이것은 한국교회가 이 사회와 타종교로부터 당하는 기독교의 정체성에 대한 심각한 도전입니다.

그런데 적지 않은 수의 교인들, 심지어 교회의 지도자들 가운데도, 이제 우리도 사회의 화합과 종교 간 상생을 위한 이러한 요구들에 부응해야 하며, 그것이 한편으로 기독교가 이 시대에 이 사회에서 직면하고 있는 침체와 소외의 위기를 극복하고 생존할 수 있는 길이라는 의견을 스스럼없이 개진하고 있는 실정입니다. 비록 일부라고는 하지만 위와 같은 반기독교적 도전에 대한 그리스도인들의 이러한 반응 자체가 한국교회가 직면하고 있는 또 다른 양상의 위기 상황입니다. 물론 이 사회의 윤리와 도덕 수준을 높이기 위하여 여러 종파들이 함께 협력하여 캠페인을 벌이고 계몽 운동을 할 수 있습니다. 빈곤 문제를 구제하기 위하여 종파를 초월하여 손에 손을 잡고 함께 구제 사업을 펼치는 것은 가능할 뿐만 아니라, 당연한 일이기도 합니다.

그러나 그것이 모든 종파가 자기됨의 독특성을 포기하고 한데 섞여 혼합되어야만 가능한 일이라는 논리는 대단히 잘못된 것입니다. 그리고 그러한 운동을 하기 위하여 반드시 그 운동을 주도하는 종교의 집회 장소에 모여서 모두가 그 종교 방식의 제사나 예배를 드린 후에야 행사를 해야만 되는 것도 아닙니다. 그런데 이 사회의 반기독교적인 저항들에 대하여 기독교의 이미지를 개선하기 위해서 기독교만의 독특한 신앙고백이나 구원관을 내려놓거나 아니면 최소한 그것을 드러내놓고 강조하는 것을 삼가고 서로 화합하자는 생각을 기독교인 자신들이 스스럼없이 하는 것은 이 나라 교회가 처한 심각한 위기 상황입니다.

이단에 대한 무방비 상태

이단들은 기성 교인들을 대상으로, 교리 논쟁, 독특한 성경해석을 통한 기성 교인들의 호기심 충족이나 기성 교회에 대한 비판이나 불만 해소, 기성 교회의 윤리적 비리 등에 대한 비판을 주요 도구로 사용하여 기성 교회의 교인들을 혼란에 빠뜨리고 자기 집단으로 빼돌리는 일을 왕성하게 벌이고 있습니다. 그 가운데서도 교리적 이탈 즉 전통적 교리에 대한 왜곡이 이단들의 가장 큰 특징입니다.

예를 들어, 근래에 한국교회에 가장 큰 폐해를 끼치며 주목을 받고 있는 신천지 이단은 황당한 본문 해석과 이만희 중심의 어이없는 교리를 주장하는 대표적인 집단입니다.[5)] 그런데도 수많은 기존의 정통 교회의 교인들이 신천지 이단에 끌려들어가고 있습니다. 그뿐 아니라 오히려 신천지에서 들은 내용을 가지고 기존의 정통 교회에서는 들어 보지 못한 심오하고 깊이 있고 철저하게 성경중심적인 가르침이라고 당당하게 주장합니다.

이렇게 기존의 교인들이 이단의 미혹에 쉽사리 빠져들어가는 이유가 무엇일까요? 교회 예배와 봉사에 열심히 참석하던 교인들이 어느 날 갑자기 신천지 이단에 모든 것을 바치며 헌신하는 데로 가버리는 현실이 정통 교회의 설교와 설교자에게 던지는 도전이 무엇일까요? 신자들이 어느 가르침이 성경적인지 반성경적인지를 분별할 수 없는 허약한 체질이 되어버린 근본적인 원인은 어디에 있는 것일까요? 그들의 개인적인 무책임과 무지함보다 더 근본적인 문제는 그들이 그동안 교회와 신자의 정체성을 확립하여 어떤 가르침이나 주장에 대한 신학적, 성경적 분별력을 행사할 수 있을 정도로 자라가게 하는 설교를 듣지 못하며 교인 생활을 해온 데 있다고 할 수 있습니다. 그것은 전적으로 기존 교회의 설교와 설교자들의 책임입니다. 그러므로 신천지 이단에 대한 대응은 설교자들이 성경을 제대로 설교하며, 교회와 신자의 정체성을 확립하는 데에 목적을 둔 설교를 소홀히 해왔다는 반성으로부터 시작해야 할 것입니다.

이만희 씨가 그렇게 황당한 알레고리 해석과 억지 해석 그리고 말도 안 되는 자의적 해석을 일삼는데도 오랫동안 신앙생활한 정통 교회의 신자가 아무런 이질감도 느끼지 못하고서 오히려 그것을 기존 교회 목사에게서는 들어보지 못한 심오한 성경 중심 설교라고 좋아하는 것은, 아마도 그들이 기존 교회에서 그러한 알레고리 해석과 자의적 해석 등에 익숙해 있기 때문인지도 모릅니다.

이단의 문제는 기독교 역사가 시작된 이래 언제나 그리고 지속적으로 있어 온 문제인 것이 사실이지만, 지금 한국교회 안에 신천지 이단을 중심으로 한 다양한 이단이 극성을 부리고 있거나 혹은 이단적인 가르침들이 교회 안에서 확산되고 있는 것은 한국교회가 직면하고 있는 특별한 위기 상황 가운데 하나라는 사실은 부인할 수 없습니다.

위기 상황의 원인

위에서 제시한 것과 같은 한국교회의 위기 상황이 초래된 원인이 무엇인가에 대하여는 다양한 의견이 제시될 수 있을 것입니다. 즉 위기 상황이 닥치게 된 원인은 관점에 따라 다양하게 설명될 수 있습니다. 우선 사람에 초점을 맞출 때, 즉 누구의 책임인가라는 관점에서 원인을 분석해 볼 수 있을 것입니다. 그런가 하면 위기 상황의 본질, 즉 무엇이 위기 상황의 본질인가라는 관점에서 원인을 분석해 볼 수 있습니다. 그리고 이 모든 것을 유발한 가장 근본적인 원인이 무엇인가를 추적해 볼 수 있습니다.

지도자의 문제

이러한 사태가 벌어진 책임이 누구에게 있는 것인가라는 관점에서 한국교회 위기 상황의 원인을 추적한다면 그것은 한국교회 지도자들이라는 데에 이견이 없을 것입니다. 한국교회의 지도자들이라고 불리는 구체적인 대상은 우선적으로 목회자들과 장로들일 것입니다. 한국교회 지도자의 문제란 크게 두 가지 측면을 내포하고 있습니다.

첫째는 인격, 영성, 신앙, 삶 등 각 지도자들의 개인적인 자질의 문제입니다. 둘째는 교회 지도자 간의 관계 설정의 문제입니다. 지도자들 사이의 관계 설정은 크게는 교회와 교회의 관계를 말하며, 좁게는 한 교회 안에서 목회자와 장로 사이의 관계를 말합니다. 교회와 교회 혹은 한 교회의 목회자/지도자와 다른 교회의 목회자/지도자의 관계는 무관심이거나 경쟁 관계가 기본적인 관계 설정이라는 것이 교회 안팎으로부터 받아온 오랜 비판이라는 것은 주지의 사실입니다. 다시 말하면, 개교회주의요 자기중심주의입니다. 한 교회의 목회자와 장로 사이의 관계는 긴장과 갈등의 기조 위에서 유지되고 있는 경우가 허다합니다.

교회가 교회다워지고, 교인들이 신자답게 되기 위한 한 목적을 위하여 배려하고 협력하고 일체감을 갖는 관계를 유지하고 있는가를 깊이 반성해봐야 합니다. 한국교회는 지도자 개인의 자질에 있어서나, 교회를 이끌어가는 지도자들 사이의 관계 설정에 있어서나 심각한 문제를 지닌 채 오랜 세월을 지내왔다는 비판을 받고 있습니다. 지금도 사회가 온갖 비난으로 교회를 모욕하는 빌미를 제공하고 있는 주체는 다름 아닌 교회의 지도자들입니다.

신자와 교회의 정체성의 상실

한국교회가 직면하고 있는 위기 상황은 그 양상이 어떠하든지 본질적인 요인은 결국 신자와 교회의 정체성의 문제와 관련되어 있다는 결론에 이르게 됩니다. 도덕성의 상실로 말미암은 대사회적 신뢰도 추락의 위기든지, 기독교만의 신앙을 버리라는 도전과 다른 종교에 대하여 상생적, 화해적이기 위하여 자신의 신앙고백을 타협함으로 직면하는 위기 상황이든지, 영적, 성경적 분별이 없이 터무니없는 가르침들에 현혹되어 이단에 빠져드는 상황이든지 이러한 위기 상황의 가장 본질적인 요인은 결국 그리스도인들의 자기 정체성의 상실, 혹은 정체성의 혼란으로부터 야기된 것이라고 할 수 있습니다. 한마디로, 모든 현상의 공통적인 문제는 다름 아닌 정체성의 문제입니다. 사실 앞에서 언급한 바와 같은 한국교회 지도자들의 문제도 그 본질은 정체성의 문제입니다.

20세기의 위대한 교회사가로 알려져 있는 라토렛(Kenneth Scott Latourette)이 그의 대작인 『기독교 확장사』 마지막 부분에서 교회의 장구한 역사를 되돌아보면서 한 유명한 말이 있습니다. 그의 말은 교회의 정체성을 확고히 지키는 것이 얼마나 중요한 문제인가에 대한 증언이자 경고이기도 합니다. 그는 "시간과 공간 속에 얽매이지 않은 자신의 정체성을 희생하고 주변의 환경에 순응하였던 교회들은 결국 자신들이 그렇게 순응했던 시대와 사회, 그리고 기류가 바뀌면서 모두 소멸해 버리고 말았다"고 단언합니다. 그는 "다만 예수의 유일성에 대한 핵심적인 진리와 역사상 발생한 사건으로서 예수의 탄생과 생애, 가르침, 죽음과 부활에 대한 진리, 그리고 하나님 자신의 계시와 인간의 구속을 위하여 예수를 통해 역사하신 하나님의 사역에 대한 믿음의 진리만이 영속적인 삶을 위해서 필수적인 것으로 입증되었다"고 결론짓습니다.[6)]

정체성이란 신자의 신자다움과 교회의 교회다움을 말합니다. 다시 말하면 자신은 무엇을 믿으며, 어떻게 살아야 하는지에 대한 확실한 인식입니다. 역사적으로 교회는 세상으로부터 극심한 핍박이나 유혹에 직면하여 때로는 억울한 비난을 감수하기도 하고, 핍박을 자청하기도 하고, 당대의 사회로부터 한편의 소외 그룹으로 따돌림을 받기도 하였습니다. 그러나 그러한 상황에서도 세상에 굴복하지 않았던 근저에는 자기의 정체성에 대한 확고한 인식, 곧 신자가 신자 아닌 것으로 될 수 없고, 교회가 교회 아닌 것으로 변절할 수 없다는 자기 인식의 확고함이 자리 잡고 있었습니다.

신앙 회복인가 도덕성 회복인가

이런 점에서 한국교회의 위기 상황을 극복하기 위해서는 성경적 정체성을 회복하는 것이 도덕성 혹은 윤리성 회복과 사회적 실용성을 충족시키는 것보다도 더 시급하고 근본적인 문제라는 것을 인식해야 합니다. 사실 오늘날의 교회가 도덕적으로 이렇게 비난을 받게 된 근본 원인이 무엇인가를 따지고 들어가 보면, 그것은 그동안 한국교회 신자들의 신앙생활이 잘못되었기 때문이라는 결론에 이르게 됩니다. 신자답게 살지 않고, 교회답게 행동하지 않아서 벌어진 현상이라는 말입니다.

이러한 참담한 현상이 계속되면서 교회를 염려하는 의식 있는 지도자들과 단체들이 한국교회의 신뢰 회복을 위하여 다양한 방식의 운동을 펼치고 있습니다. 교회 재정의 투명한 운영, 목회 세습 반대 운동, 구제 활동의 확대, 사회 복지를 위한 적극적 참여, 교회 운영의 민주적 방식 도입 등등 다양한 운동들이 펼쳐지고 있습니다. 그리고 이러한 운동들은 모두 한국 기독교가 도덕적으로 그리고 윤리적으로 세상의 인정을 받을 만큼 회복되어야 한다는 절박한 현실 인식을 바탕에 깔고 있습니다. 실제로 여러 단체나 개인들이 제시하고 있는 한국교회의 위기 상황에 대한 진단과 해결을 위한 대안들은 주로 도덕성 혹은 윤리성 회복과 사회적 실용성을 갖추어야 한다는 데에 초점이 맞추어져 있습니다.

그러나 도덕성을 갖추고 사회적 효용성을 충족시키는 특정의 행동 양식들을 실천하는 것에 궁극적인 관심이 모아지는 것은 신앙 단체인 교회에 또 다른 치명적인 문제를 일으킬 위험이 있음도 알아야 합니다. 교회는 단순히 도덕 수준이 높은 단체나 혹은 사회 구호 단체에 머물러서는 안 되기 때문입니다. 신자가 신자답게 되고, 교회가 교회답게 되면 반드시 도덕성이 뛰어나게 되고, 구제 활동이 활발하게 될 것입니다.

그러나 도덕성이 뛰어나고 구제 활동이 활발하게 되는 그것이 교회가 되는 것은 아닙니다. 그러므로 본질과 외형을 분별하는 지혜가 필요하고, 외형이 아니라 그 외형을 만들어내는 본질을 회복하는 운동이 필요합니다. 이것은 신앙과 도덕성을 서로 나누어 도덕성은 별 것이 아니고 신앙이 중요하다는 그런 말이 아닙니다. 이 둘은 같이 가게 되어 있다는 것을 강조하는 것입니다.

야고보서는 "행함"을 극도로 강조합니다. 그리고 야고보서가 말하는 "행함"의 구체적인 내용은 도덕적, 그리고 윤리적 행위들입니다. 그런데 야고보서는 행함을 믿음과 관련지어 말하고 있습니다. 행함은 믿음이 만들어내는 것이며, 그러므로 행함을 만들어내지 못하는 믿음은 죽은 믿음이라는 것입니다. 다시 말하면 그것은 믿음이 아니라고 말하는 것입니다. 야고보서의 이러한 강조에는 행함이 믿음을 만들어내지는 않는다는 것이 이미 전제되어 있습니다. 그러므로 행함이라는 열매를 보려면 믿음이 참 믿음 혹은 살아있는 믿음이 되도록 해야 하지, 그 행위 자체를 하나씩 어디서 갖다가 붙여서 되는 것이 아니라고 말하는 셈입니다.

출애굽기 1장의 히브리 산파들의 이야기는 이 문제와 관련하여 매우 중요한 사실을 말해줍니다. 히브리 산파들이 생명의 위험을 무릅쓰면서까지 왕명을 어기고 남자아이들을 죽이지 않은 것은 그들이 휴머니스트들이어서가 아니었습니다. 생명에 대한 경외심 때문만도 아니었습니다. 하나님을 경외하기 때문이었습니다(17, 21

절). 본문이 일관되게 우리에게 주목하도록 요구하는 것은 분명합니다.

산파들은 하나님을 경외하는 사람답게 사느라고 왕명을 어기는 위험을 감수하면서도 남자아이들을 죽이지 않았고, 그들의 그러한 행동에 대하여 하나님께서 복을 주셨다는 사실입니다. 히브리 산파들에게 남자아이들을 죽이고 살리는 것은 도덕성이나 인간 존중의 문제이기 전에 신앙의 문제였다고 강조하고 있습니다.

요셉이 보디발의 아내의 유혹에 말려들지 않은 것도 그의 높은 도덕성 때문이 아니라, 하나님께 죄를 범하지 않아야 한다는 그의 신앙의 발로에서 온 결과라는 것이 창세기 39장의 선언입니다(9절). 외형이 같다 해서 본질도 언제나 같은 것은 아닙니다.

한국교회는 도덕성이 없어서 문제가 아니라, 신앙대로 살지 않아서 문제입니다. 그러므로 교회를 교회답게 하고, 신자를 신자답게 하는 것이 한국교회의 가장 시급한 일입니다. 그리고 이것은 다름 아닌 신앙인의 정체성과 교회의 정체성을 확고하게 하여 그 정체성에 걸맞은 신자의 모습과 교회의 모습이 이루어질 때 비로소 실현되는 문제입니다.

말씀 이탈!

말씀 이탈이란 말씀에서 벗어나거나, 말씀을 떠나거나, 말씀을 소홀히 여겨서 말씀을 자신의 생각과 판단과 처신의 기준으로 삼지 않고 말씀 이외의 다른 것에 우선순위를 두는 현상을 말합니다. 이것은 구체적으로는 말씀에 대한 무지와 말씀에 대한 순종이 없는 삶을 수반합니다. 그러므로 말씀 이탈은 곧 삶 속에서의 말씀의 실종을 말합니다. 이러한 현상은 신자의 삶과 교회 안에서 말씀의 침묵으로 이어지고, 그것은 다시 필연적으로 하나님의 침묵을 초래합니다. 그리고 하나님의 침묵은 곧 하나님의 부재로 이어집니다. 그리하여 나타나는 필연적인 현상은 신자가 신자 아닌 것으로, 교회가 교회 아닌 것으로 변절하는 것입니다. 그러므로 말씀 이탈이야말로 신자와 교회가 정체성을 상실하게 되는 근본적이고 결정적인 원인입니다.

말씀 이탈을 주도해온 현장

말씀 이탈 현상을 주도한 가장 대표적인 현장은 바로 강단이라고 할 수 있습니다.

사실 그동안의 설교들은 말씀에 집착하여 신자와 교회의 정체성을 강조하고 가르치기보다는 위로와 격려와 축복과 성공 등 소위 부와 건강의 복음을 선포하는 데 힘을 쏟아왔다는 비판을 면하기 어렵습니다. 재미있는 설교, 편안한 설교, 축복이 넘치는 설교를 지향해왔습니다. 교회에 대한 강조도 교회의 본질에 관한 성경 말씀의 가르침보다는 주로 일과 봉사 등을 강조하며 교회의 기능이나 실용성 등 교회의 기능적 정체성에 초점을 맞추어 설교를 해온 것이 사실입니다. 그런 와중에 설교는 점점 본문을 이탈한 설교로 변질하게 되었습니다.

신천지 이단의 파장이 이렇게 크게 나타날 수 있었던 것은 성경에서 멀어져서 성경적이고 신학적인 분별을 갖추지 못한 신자가 많아진 현실이 만들어낸 결과라고 해도 지나친 과장이 아닐 것입니다. 신천지의 교주인 이만희 자신도 신천지가 성경에 의한 참된 교회임을 주장하기 위하여 정통 교회의 이 점을 비난합니다. "요즘의 교회는 모두 사람에 의한 사람을 위한 교회로 변질되었다고 할 수 있습니다. 교회에서는 천국 복음을 가르쳐야 하는데도 세상 이야기나 하며 성도의 수를 불리는데 주력하고 있으니 세상 교회가 아니라 하겠습니까?"[7] 이만희는 이 점을 간파하여 성경 해석을 주무기로 들고 나오면서 자신들이야말로 성경을 제대로 풀어준다고 속이며 교인들을 미혹합니다.

그 전략이 통하여 지금과 같이 큰 파괴력을 한국교회 안에 행사하고 있는 것입니다. "교회의 존재가 복음에 어긋나는 것을 말하고 있는 한, 설교자가 복음을 말해도 그것은 반복음적인 것이 된다"[8]는 말이 사실이라는 것을 우리는 지금 경험하고 있습니다. 한국교회는 복음에 어긋나게 살고 있다는 것이 교회를 공격하는 자들이 자신 있게 쏘아대는 화살인데, 우리는 그것을 되받아쳐낼 방패를 잃어버렸습니다. 계속하여 성공과 축복과 위로와 격려와 간증, 그리고 우스운 이야기 등을 설교에서 들어온 사람들이 성경을 근거로 한 심오한 가르침이라면서 다가온 내용들을 놓고 그것이 성경적인 것인지, 성경을 제대로 해석하고 있는 것인지, 그리고 그들이 성경을 펴놓고 하는 그 말이 과연 신자나 교회에 대하여 맞게 말하고 있는 것인지 분별을 할 수 없다는 것은 당연한 일입니다. 그러므로 신자들이 이단의 가르침에 현혹되지 않게 하기 위해서라도 성경을 설교하고 신자와 교회의 정체성을 확고하게 해주는 성경적 설교를 회복해야 합니다.

이 시대의 가장 큰 문제는 교회가 어두워진 것이고, 교회가 어두워진 가장 심각한 원인은 강단의 말씀 이탈입니다. 이것은 다름 아닌 강단의 변절입니다. 그리고 그 모든 책임의 한 가운데 설교자가 있습니다. 설교자는 말씀에 목숨을 거는 사람입니다. 설교자가 말씀을 임의로 바꾸어 말하거나, 말씀보다 다른 것을 더 중요하게 여기는 것은 반역입니다. 말씀의 주인이신 하나님에 대한 반역이요, 말씀을 기다리는 회중에 대한 반역이요, 말씀의 사역자인 자기 자신에 대한 반역입니다. 설교자의 반역이 오늘날 강단이 죽은 가장 큰 원인입니다.

그러나 강단이 말씀 이탈의 주범이 된 데에는 전적으로 설교자들의 잘못만 있는 것은 아닙니다. 재미있는 설교, 편안한 설교, 축복이 넘치는 설교, 부담을 주지 않는 설교, 위로와 격려가 넘치는 설교만을 듣고 싶어 하고 그렇게 청중의 가려운 귀를 긁어주는 설교를 해주는 설교들을 좋아하는 교인들의 잘못도 적지 않습니다. 그 말씀 이탈의 원인을 한번 생각해 보십시다.

말씀 이탈의 원인

첫째로, 효과와 성취 최우선의 생활 원리 곧 실용주의를 꼽을 수 있습니다. 효과와 성취, 성공과 번영을 최고의 가치 판단의 기준으로 삼고 사는 것이야말로 말씀 이탈을 부추기고 보편화하는 가장 근본적인 원인 가운데 하나입니다. 이러한 철학은 기복 신앙과 번영 신학이 자리를 잡을 둥지를 제공합니다. 철저한 실용주의에 입각한 생활에서는 현재는 언제나 무엇인가를 성취하여 의미 있는 것이 되거나, 아니면 아무런 결과를 만들어내지 못하여 헛것이 되어버리는 차원에서만 존재하게 됩니다. 그리하여 현재는 언제나 수단이 될 뿐, 그 자체로 의미를 갖거나 가치를 갖고 존재하지 못하게 됩니다. 이러한 생활 태도는 말씀보다는 효과 있는 프로그램과 행사 위주의 신앙 활동 혹은 교회 활동으로 이끄는 부작용을 만들어냅니다.

둘째로, 세속 정치와 사회의 흐름에 편승하는 것 곧 세속주의입니다. 세속화란 한마디로 말하면 하나님 지향성에서 인간 지향성으로 전환하는 것을 말합니다. 그리고 인간 지향성은 필연적으로 극도의 자기중심성으로 나아가게 됩니다. 한국교회가 어떻게 세속 정치와 사회의 흐름에 편승하여 세속화의 길을 가게 되었는가의 일단은 한국교회가 놀랄만한 양적 성장을 구가하게 된 역사적 배경을 살펴봄으로써도 확인할 수 있습니다.

1960년대 이후 80년대 초반에 이르는 기간, 한국 사회의 최대의 관심은 경제 성장이었습니다. 한국 정치와 사회는 경제 성장을 최고의 가치로 삼고 그것을 위해서라면 인권 탄압과 노동 착취 등의 부작용을 개의치 않고 가능한 모든 수단을 동원하였습니다. 그 결과로 한국 사회는 비약적인 경제 성장을 이루었습니다. 이러한 정치, 사회적 흐름에 편승하여 이 시대의 교회가 심혈을 기울인 것도 곧 교회의 성장이었습니다. 이 기간 동안 한국교회는 교회 성장을 최고의 목표로 삼고 그를 위해서는 모든 수단을 동원하는 흐름을 형성하게 되었습니다. 그 결과 한국교회는 세계 교회가 놀랄 정도로 급성장을 이루게 되었습니다.

이러한 교회 성장에 결정적인 역할을 감당한 것이 강단의 설교였습니다. 교회 성장을 최고의 목표로 삼고 있는 목회자들의 설교는 자연히 사람들이 듣고 싶어하는 설교에 집착하게 되었습니다. 축복 중심의 기복적 설교가 이 시기에 극성을 부리기 시작한 것은 이러한 연유에서였습니다. 소위 부와 건강, 그리고 성공의 복음이 강단 설교의 주를 이루게 된 것입니다. 그렇지 않아도 샤머니즘이라는 문화적 배경 때문에 기복적이고 주술적인 경향을 띨 위험을 안고 있는 한국교회 설교는 이러한 역사적 상황에서 더욱 쉽게 기복적인 성격의 설교로 나아가게 되었습니다. 이러한 설교는 본문을 심도 있게 해석하고 그로부터 얻은 메시지를 선포하기보다는 교인들이나 설교자의 기복적 기대를 충족시키는 데 초점이 맞추어진 설교로 나아가게 되었습니다. 즉 설교의 본문 이탈과 설교에서의 본문의 침묵 현상이 초래된 것입니다.

그러나 놀라운 양적 성장을 구가하게 된 한국교회는 80년대 중반을 전환점으로 양적 성장의 침체기로 돌아섰습니다. 물론 이 시기에 교회의 질적 성장을 강조하면서 성경으로 돌아가야 된다는 주장이 일부에서 제기되기도 하였습니다. 그러나 전반적인 흐름은 침체되고 있는 양적 성장의 문제를 극복하기 위하여 사람들이 교회로 나아오게 하거나 최소한 교회를 떠나지 않도록 붙잡아두는 데 초점이 맞추어진 설교에 집중하는 것이었습니다. 그러한 흐름은 여전히 설교를 본문 이탈 혹은 설교에서 본문의 침묵에 머물러 있게 하는 결과를 초래하였습니다. 이러한 사실로부터 내려지는 결론은 교회가 수적 성장을 최우선의 목표로 삼고 있는 한 교회의 성장기이든지 침체기이든지 설교는 공통적으로 본문 말씀의 충실한 선포로부터 이탈하여 청중의 요구와 타협하거나, 기복적 축복의 메시지에 치중하거나 하여 소위 부와 건강과 성공의 복음을 선포하는 설교로 나아가게 된다는 사실입니다.

셋째로, 청중의 왜곡된 필요를 충족시키려는 것에 대한 집착을 들 수 있습니다. 설교의 본문 이탈 현상이 보편화된 근저에는 설교자의 설교의 기능에 대한 잘못된 철학과 설교의 대상인 회중(congregation)에 대한 잘못된 태도가 자리 잡고 있습니다.

이는 먼저, 설교는 청중의 필요를 채워주는 것이어야 한다는 설교의 기능에 대한 편협한 이해입니다. 물론 설교는 청중의 필요를 충족시켜 주어야 합니다. 설교자는 청중의 필요에 민감해야 합니다. 설교자가 청중의 필요에 무관심하면, 그는 자기의 필요를 따라 설교하게 됩니다. 그러나 그 말이 청중이 필요하다고 하는 것이면 그것이 무엇이든지 충족시켜주어야 한다는 의미는 아닙니다. 청중의 필요에는 그들이 요구하는 필요(Expressed Need)가 있는가 하면, 그들에게 실제로 필요한 필요(Actual Need)가 있습니다.[9] 그리고 양자가 일치하는 경우도 있지만 많은 경우에 서로 다를 수 있다는 것을 알아야 합니다.

예를 들어, 맹장수술 후 통증을 견딜 수 없어서 진통제 주사를 놓아달라고 소리치는 환자가 있을 때, 진정한 의사라면 그에게 진통제 주사를 처방하지 않습니다. 오히려 빨리 일어나서 복도를 걷는 운동을 하라고 등을 치며 운동을 재촉할 것입니다. 그렇지 않으면 장유착 현상이 일어나 다시 수술할 수도 있다고 말할 것입니다. 이런 점에서 청중의 필요로부터, 또는 청중으로부터 설교를 시작하라는 말은 그 내용에 분명한 한계를 부여하고 받아들여야 합니다. 청중의 현상학적 요구가 언제나 설교를 지배해서는 안 되는 것입니다. 특히 기복적인 욕구를 충족시켜주는 축복 위주의 설교를 삼가야 합니다.

다음으로 설교의 대상인 회중에 대한 왜곡된 태도입니다. 이것은 현대 교회의 교인관이 고객관을 근거로 형성됨으로 말미암은 데서 오는 귀결 가운데 하나라고 할 수도 있습니다. 오늘날 목회 현장에서는 전통적인 교회관이 현대의 기업관으로 대체되고, 목회자관은 최고 경영자 곧 CEO관으로 대체되고, 교인관은 고객관으로 대체되는 대변질이 일어나고 있습니다. 교인들을 최대의 서비스로 편안히 모셔야 되는 고객관에 입각하여 대하게 되면 설교에서는 청중의 독재(Audience's Dictatorship) 현상이 초래되고, 설교는 청중의 욕구를 충족시켜주는 도구로 전락하게 됩니다. 이러한 상황에서 행해지는 설교에서는 필연적으로 본문의 침묵이 강요될 수밖에 없습니다.

넷째로, 부담을 주지 않는 재미있는 설교를 추구하는 데 그 원인이 있습니다. 우리의 설교가 쉽고 재미있는 설교, 편안하고 부담이 없는 설교, 실용성 있는 설교라야 된다는 것은 매우 중요한 사실입니다. 그러나 그것을 설교의 궁극적인 목적과 가치로 여기고 그것을 위하여 스스럼없이 본문을 이탈하는 설교로 가는 것은 잘못입니다.

그런데도 오늘날 설교 강단에서 나타나고 있는 이러한 현상은 설교에 대한 교인들의 요구와 그에 부응하려는 설교자들의 반응이 만들어낸 결과입니다. 설교는 점점 오락성을 중요하게 여기게 되고, 청중이 편안하게 들을 수 있게 하는 것을 중요하게 여기게 되었습니다. 그리하여 설교는 알지 못하는 사이에 오락 도구로 전락하고, 엔터테인먼트 수단으로 변질되는 현상이 나타나고 있습니다.

그러나 이러한 설교에는 심각한 후유증이 수반된다는 사실을 명심해야 합니다. 75세 된 노인이 한 다음과 같은 말을 귀담아 들어봐야 합니다. "저는 그동안 장OO 목사님의 설교가 하도 재미있어서 TV에서 자주 보았습니다. 그런데 이번에 성경 말씀을 확실하게 전해주는 다른 분의 설교를 듣고서야 깨달은 것이 있습니다. 내가 지금까지 들은 그 설교들은 재미는 있는데 듣고 나서 남는 게 없다는 것입니다. 그런데 성경 말씀을 확실히 전해주는 설교는 듣고 나서는 마음에 남는 게 있어요." 물론 듣기에 재미있는 설교와 마음에 남는 게 있는 설교가 언제나 대립 관계에 있는 것은 아닙니다. 그러나 재미에 우선을 두는 설교는 남는 게 없는 설교로 전락할 위험을 안고 있다는 것은 분명한 사실입니다. 언제라도 청중을 재미있게 해주려는 오락성이 본문이 요구하는 중요한 메시지를 대체해버릴 수 있습니다.

다섯째는 "쉬운 설교"에 대한 잘못된 이해가 자리를 잡고 있습니다. 물론 설교는 쉬워야 합니다. 그러나 쉬운 설교란 내용이 없어서 긴장감을 주지 않는 설교를 말하는 것이 아닙니다. 마음 편히

즐길 수 있는 오락성으로 채워진 설교를 말하는 것도 아닙니다. 본문의 말씀을 생략하고, 재미있거나 심금을 울리는 다른 이야기나 행사로 대체하는 것을 말하는 것도 아닙니다.

KBS TV의 개그콘서트 프로그램이나 다른 예능 프로에 내보내도 손색이 없을 웃음을 자아내는 것에 초점이 맞추어진 설교도, 긍정의 힘이 본문 역할을 하는 자기 최면성 심리 작용을 부추기는 것에 초점이 맞추어진 설교도, 밑도 끝도 없는 위로와 격려의 메시지를 쏟아내어 아멘을 불러일으켜서 카타르시스를 유발하여 속을 후련하게 해주려는 데 초점이 맞추어진 설교도, 모두 본문 이탈 현상으로 나아갈 위험한 일이라는 사실을 설교자도 청중도 명심해야 합니다.

쉬운 설교란 내용이 없어서 쉬운 것이 아니라, 심오한 성경의 가르침이 오늘날 청중들의 언어로, 그리고 설득력 있는 전개로 잘 전달되게 하는 설교를 말하는 것입니다. 즉 쉬운 설교란 내용의 문제가 아니라, 전달 방식의 문제임을 오해하지 않아야 합니다. 어떤 경우에도 설교는 본문의 말씀과 청중을 맞닥뜨리게 하는 것을 그 본질로 한다는 사실을 잊지 않아야 합니다.

여섯째로, 말씀의 충족성에 대한 불신입니다. 설교의 본문 이탈을 부추기는 또 하나의 요인은 "말씀만으로는 안 된다"는 설교자의 의식입니다. 이것은 말씀의 충족성에 대한 불신입니다. 말씀만으로는 안 된다는 말은 그 안에 여러 가지 근거를 담고 있습니다. 목회에는 말씀 외에 다양한 변수가 있다는 것입니다. 그런가 하면 말씀으로는 사람이 잘 변하지 않는다는 것입니다. 혹은 말씀만 가지고는 교인들을 만족시킬 수 없고, 교인들이 모이지 않는다고도 합니다. 혹은 설교는 그래도 남 못지않게 하는데, 목회가 잘 안 되는 것을 보면 말씀에 집착하는 설교만 가지고는 안 되는 것이 분명하다고도 합니다. 논리를 내세운 것이건, 자신의 경험을 내세운 것이건, 혹은 문화적, 사회적 현실 인식을 근거로 한 것이건, 그러한 명분의 근저에 공통적으로 자리 잡고 있는 것은 말씀의 충족성에 대한 불신입니다.

사도 베드로는 이곳저곳으로 흩어져서 현실적으로는 핍박받는 나그네의 고된 삶을 살아가는 그 시대의 신앙인들에게 여전히 말씀이 최고라고 강조합니다. 거듭나게 된 것도, 영혼을 깨끗하게 한 것도, 형제를 사랑하는 것으로 요약된 이 땅에서의 신자다운 삶을 살 수 있는 근거도, 다 말씀으로 말미암아 된 것이라고 사도는 단언합니다. 그 말씀은 살아있고 항상 있으며 세세토록 있으며, 이 말씀이 우리의 모든 것이라고 강조합니다(벧전 1장). 말씀만으로는 안 되니 현실적인 필요를 위해서 이런 저런 다른 것들을 붙잡으라고 말하지 않습니다. 사실은 현실이 어려울수록 더욱, 살아있고 항상 있는 하나님의 말씀을 최우선에 놓고 집착하는 데로 나아가야 한다고 말하는 셈입니다.

사도 바울도 디모데에게 보내는 마지막 편지를 마무리하면서 하는 말은 "말씀을 선포하라"(Preach the Word)는 한마디였습니다(딤후 4:1-4). 이것은 하나님과 산 자와 죽은 자를 심판하실 그리스도 예수, 그리고 그분의 재림과 그의 나라를 내세운 엄중한 명령이면서, 동시에 자신의 죽음을 의식하는 사람이(6절) 가장 사랑하는 사람에게 내놓는 마지막 간곡한 부탁이었습니다. 사도가 그렇게 엄중한 명령과 간곡한 부탁으로 "말씀을 선포하라"고 하는 중요한 이유는 "이 세대가 말씀 듣는 것을 싫어하고, 사욕을 채워줄 거짓 선생들을 찾는 것을 좋아하기 때문"이었습니다(3절). 이 세대가 부담스러워하고, 이 시대의 흐름에 맞지 않는 말씀을 설교하지 말아야 한다는 우리의 생각과는 정반대의 논리를 사도는 펴고 있는 것입니다.

청중이 말씀 듣는 것을 싫어하니 그들이 원하는 것을 하는 것으로 돌파구를 찾는 것은 잘못입니다. 설교자의 말씀 준비와 열성이 충분하지 않은 것을 인정하지 않고, 말씀 자체가 충족하지 않아서 문제인 것처럼 생각하게 되면, 그의 설교에서는 자연히 본문 말씀이 침묵하게 될 수밖에 없습니다.

해마다 여름이 오면 수련회나 캠프를 준비하느라 쩔쩔매는 사역자들을 보며 그 열정에 고마운 마음과 그 힘들어하는 모습에 안타까운 마음이 나를 사로잡곤 합니다. 적은 예산으로 어떻게 해서든지 아이들이 많이 모일 수 있는 재미있고 기발한 프로그램들을 준비하려고 이리 뛰고 저리 뛰는 모습들이 때로는 너무 안쓰럽기도 합니다. 그러나 지금 한국 사회에서는 손가락으로 꼽을 수 있는 몇몇 초대형 교회들을 제외하고는 어느 교회도 아이들이 교회 밖 어디에선가 누리는 재미보다 더 재미있는 프로그램을 교회 안에서 제공하여 아이들을 교회 안으로 끌어들이는 것은 거의 불가능합니다. 재정적으로도 불가능하고, 인력으로도 불가능합니다. 단순히 재미있기 위해서라면 아이들이 굳이 교회 수련회에 올 이유가 없는 상황입니다. 많은 아이들이 재미는 자기들만 통하는 다른 곳에서 누리고 있다는 사실을 직시할 필요가 있습니다.

그래서 나는 몇 년 전부터 교육부서 사역을 하는 제자들에게 간간이 권면하는 것이 있습니다. 담임 목사님과 진지하게 말씀을 나누어, 당분간 부서에 아이들이 상당수 감소한다 할지라도 교육부서의 수련회에서 모든 다른 오락성 프로그램을 없애버리고 성경 수련회 혹은 성경 캠프로 운영하는 모험을 시도해보라는 제안입니다. 어차피 아이들의 기대나 현실을 충족시키지 못할 것이라면 게임, 오락, 체험 등은 다른 곳에서 즐기라고 하고, 교회 수련회에서는 2-3일 동안 오직 성경만을 집중적으로 가르치고 나누고 발표하고 그리고 힘을 다하여 기도하는 방식으로 진행하라는 것입니다. 물론 이렇게 하기 위해서는 담당 교역자가 기도 준비와 교재 준비 그리고 말씀 준비를 치열하게 할 것을 전제로 합니다. 시도해보니 아이들이 의외로 좋아하고 은혜를 받는다는 보고를 간혹 듣곤 합니다. 각 교육부서에서 "다니엘서 성경 수련회" "요한복음 성경 캠프" 등으로 이름 붙인 수련회나 캠프로 여름 행사를 바꾸는 운동을 제안하고 싶습니다.

그리고 교회들도 이제는 앞에 "특별" 자를 붙인 무슨무슨 집회나 이벤트보다는 차라리 "출애굽기 성경 집회" "하박국서 성경 집회" 등으로 이름 붙여진 성경 집회(Bible Conference)로 교회 행사들을 진행하는 운동을 제안하고 싶습니다. 이벤트 준비와 프로그램 진행을 위하여 쏟는 그 열정과 그 헌신과 그 수고를 말씀 연구와 준비와 실천에 쏟을 수만 있다면 이런 캠프나 집회도 반드시 성공할 수 있을 것입니다. 결국은 하나님의 말씀이 우리를 살린다는 진리를 무시하지 않아야 합니다. 사도 베드로의 말씀처럼, 우리를 살리는 "살아 있고 세세토록 있는" 것은 하나님의 말씀이라는 사실을 잊지 않아야 합니다.

일곱째로, 본문에 대한 집착이 부족하다는 것입니다. 설교가 본문에 집착한다는 말은 본문이 말하고자 하는 것을 청중이 이해하게 하고, 본문이 의도하는 것을 청중이 행하게 하려는 데 집중하는 설교를 말합니다. 설교가 본문에 집착하지 않게 된 데는 본문과 심도 있게 씨름을 하지 않는 설교자의 게으름과 쉽고 편하고 부담 없는 설교를 원하는 교인들의 변절이 중요한 원인입니다. 그런가 하면, 본문 접근과 해석에 대한 잘못된 굳어진 습관에 젖어서 본문을 잘 다루지 못하는 것이 원인이기도 합니다. 그리고 그동안 확산해온 설교에 대한 잘못된 이해 등이 그 역할을 했다고 할 수 있습니다.

설교 자료의 범람이 아이러니컬하게도 본문을 이탈하게 하는 설교를 양산해 내게 하는 역기능을 가져오기도 하였습니다. 설교 준비가 넘치는 설교 자료들을 의존하는 방식으로 이루어지면서 본문에 대한 집중적인 탐구와 그렇게 하여 얻은 본문의 말씀을 설교하는 대신, 설교 자료가 제공하는 예화나 주제, 대지 등을 그대로 설교의 내용으로 사용하면서 실제적으로는 본문이 배제되는 현상을 초래한 것입니다.

그런가 하면 설교자들의 설교 횟수가 지나치게 많은 것도 설교자들로 하여금 본문을 이탈하는 설교를 하게 한 원인이 되기도 합니다. 한 주간에 8-10회 정도의 설교를 감당하면서 본문을 철저하게 연구하고 그래서 얻은 내용을 가지고 모든 설교를 하는 것은 물리적으로 불가능하기 때문입니다.

여덟째로, 설교 주제의 편향성입니다. 다시 말해 설교자의 신학적, 신앙적 취향이나 목회적 필요에 대한 집착이 문제입니다. 설교의 주제가 편향적으로 선정되는 요인은 다양합니다. 설교자의 신학적 취향과 신앙적 기호에 집착하여 설교를 할 때 자신도 모르는 사이에 설교의 주제들은 편향성을 띠게 됩니다. 설교자는 하나님 나라, 언약, 구속사 등 신학적 주제나 혹은 전도, 헌신, 기도 등 설교자가 자신이 있거나 혹은 심취해 있는 신앙의 주제들을 설교하기에 좋은 본문들을 위주로 설교하기 쉽습니다. 특정의 주제에 대한 집착이 더욱 심해지면, 어떤 본문을 내세우든지 결국 그 주제로 결론을 내리는 방식의 설교를 수행하게 됩니다. 이런 경우 교인들은, "우리 목사님은 어떤 본문을 택하든지 결국은 그 말씀이야!"라고 말하기 시작할 것입니다. 설교의 편향성은 이렇게 한두 주제에 편중하여 다른 주제들을 다루지 않는 방식으로 나타날 수 있습니다.

그런가 하면 같은 주제에 대하여도 성경이 그 주제를 제시하는 다양한 측면들을 파악하여 균형 있게 그 주제를 제시하지 않음으로써 설교가 편향성을 가질 수도 있습니다. 예를 들어 기도를 주제로 설교할 때면 언제나 기도를 열심히 해야 한다거나, 혹은 기도를 하면 응답의 복을 받는다는 등 성경이 기도에 대하여 가르치는 내용 가운데 설교자의 취향에 맞는 일부 측면만 강조할 뿐, 기도에 대하여 그 본문이 말씀하는 기도에 대한 메시지를 설교하지 않음으로써 편향적인 설교를 할 수도 있습니다. 그런 경우 교인들은 "우리 목사님은 기도를 주제로 설교하면 언제나 그 말씀이야!"라고 말하게 됩니다. "우리 목사님의 하나님에 대한 설교는 언제나 우리에게 잘해주시는 좋으신 하나님이야!"라는 식입니다.

마지막으로, 설교자의 영성 상실을 들 수 있습니다. 설교자들이 전통적으로 교인들 심지어는 그가 속해있는 사회로부터도 받았던 존경과 신뢰를 지금도 받고 있는가라는 관점에서 현대 한국교회 목회자가 처하여 있는 상황을 살펴볼 때 그 대답은 부정적이라는 사실을 부인할 수 없습니다. 영적 지도자, 영적 스승, 일반인들과는 다른 차원의 가치관과 자존심을 갖고 사는 믿을 만한 이들,

일반인들이 미치지 못하는 영역에 속하여 있는 지도자 등으로 지칭되면서, 영적 신뢰와 존경을 받거나 최소한 그 인격을 인정받는 시대는 더 이상 아니라는 것은 이미 앞에서 한국교회가 처한 위기 상황에서도 언급한 바 있습니다. 오히려 불신과 비난을 사회로부터 받고 있는 것이 현실입니다. 더욱이 교회 안에서도 교인들로부터 깊은 영적 신뢰를 확보하고 영적으로 의존하고 싶은 지도자로서의 위치를 점점 상실하고 있습니다. 이러한 상황을 초래한 요인은 다양합니다. 교인들의 의식이나 성품이 잘못되어 그럴 수도 있습니다. 모든 권위적인 것을 거부하는 이 시대 문화의 영향도 있습니다.

그러나 가장 결정적인 원인 가운데 하나는 설교자들의 개인 영성의 상실 혹은 영성의 피폐화라고 할 수 있습니다. 그리고 설교자의 영성의 상실 혹은 영성의 피폐화와 설교의 말씀 이탈 현상은 악순환의 고리로 연결되어 있기도 합니다. 본문 말씀을 제대로 전하지 않고 본문을 이탈하는 설교를 하다 보니 본인의 영성이 진보할 수가 없고, 설교자의 영성이 피폐화되니 하나님의 말씀에 집착하고 그 말씀으로부터 메시지를 선포하는 일이 제대로 이루어질 수 없는 악순환이 반복됩니다. 사실, 설교가 본문에서 이탈함으로써 성도들에게 나타나는 후유증은 설교자 자신에게도 그대로 나타날 수밖에 없습니다. 이러한 현상이 빚어지는 중요한 요인 가운데 하나는 목회자들이 너무 분주하고 바쁘게 사는 목회 패턴에도 있습니다. 그러면 말씀 이탈로 어떤 결과들이 초래하는지 살펴보겠습니다.

말씀 이탈이 초래하는 결과

무엇보다도 먼저 성도들의 성경 문맹 현상이 일어납니다. 역사적으로 성도들의 성경 문맹 현상이 가장 극심했던 때는 중세 시대입니다. 중세 시대에는 사제들만 성경을 소유할 수 있고, 성경을 읽을 수 있었습니다. 평신도가 성경을 소유하는 것은 현실적으로 불가능할 뿐 아니라, 불법이기도 하였습니다. 또한 교회에서 이루어지는 모든 설교는 신도들이 알아들을 수 있는가와 상관없이 반드시 라틴어로만 행해져야 했습니다. 라틴어를 읽을 줄도, 말할 줄도 모르는 사제들도 라틴어로만 설교를 해야 했습니다. 신도들은 성경이 아니라, 교회가 해주는 말씀만 들을 수 있었습니다. 그리고 그들은 그것이 성경 말씀이라고 믿어야 했습니다. 교회만 성경을 가질 수 있고, 교회가 하는 설교는 성경 말씀이라고 믿어야 했기 때문입니다. 그러니 그 시대의 신도들은 실제로 성경에 대하여는 문맹일 수밖에 없었습니다. 종교개혁이 가능하게 한 가장 큰 요인은 성경을 신도들에게 돌려주었다는 점일 것입니다. 성경에 눈이 뜨이게 한 것입니다.

그러나 오늘날 한국에서는 누구나 자기의 언어로 된 성경을 얼마든지 가질 수 있습니다. 그리고 자기의 말로 행해지는 설교를 얼마든지 들을 수 있습니다. 그러나 설교자들이 성경 말씀을 말해주지 않기 때문에 결국 성경에 대하여 문맹이 되는 아이러니를 경험하고 있습니다. 중세 교회는 성경 말씀을 갖지 못하게 하고 알아듣지 못하게 하여 신도들을 성경 문맹자들로 만들었다면, 오늘날은 설교자들이 성경 말씀을 말해주지 않아서 교인들이 성경에 대하여 문맹이 되고 있습니다.

더욱이 근래에는 성경의 내용에 대하여 문맹이 되게 할 뿐 아니라, 교인들에게는 성경책 자체가 낯설게 하는 상황이 전개되고 있습니다. 지금은 교인이 몇 사람만 모이는 개척교회도 화면에 설교 본문과 설교 중 인용하는 모든 성경 구절을 띄워주는 것이 보편화되고 있습니다. 이것이 주는 유익도 있습니다. 교인들로 성경을 찾게 하느라 설교의 흐름을 단절시키는 일 없이 성경을 인용하며 설교할 수 있다는 장점이 있습니다. 설교 시간과 예배 시간을 효율적으로 사용할 수 있다는 장점도 있습니다.

그러나 모든 성경 구절을 화면에 띄워주는 친절함과 편의를 제공하는 과잉 친절의 결과로 말미암아, 성도들은 점점 성경책이 낯설어지기 시작하고 있습니다. 화면에 띄워주는 글자만 따라 읽으면 되다 보니, 신앙생활을 오래하여 나름대로 성경에 대한 상식을 갖추게 된 경우나, 혹은 교회에서 설교와 별도로 제자 훈련이나 성경 공부 그룹 혹은 성경 읽기 그룹에 속하여 훈련을 받는 교인 외에는 성경 어느 책이 어디에 나오는지 순서도 모르고, 앞뒤의 문맥을 알아갈 기회도 없습니다. 그러나 이제 막 신앙생활을 시작한 초신자가 곧바로 교회의 성경 공부 그룹에 참여하여 성경을 전체적으로 배우는 경우는 흔하지 않습니다. 회심하고 처음 교회 출석을 한 이후 오랜 세월 동안 성경책 한번 찾아볼 기회도 없고 앞뒤를 살펴볼 기회도 없이 그렇게 교인 생활을 하는 사람은 세월이 지난 후에도 성경이 낯선 책이 될 것이 확실합니다.

둘째는 성도들이 일상의 삶과 교회 안에서의 생활에서 신앙적인 분별력을 가질 수 없게 된다는 점입니다. 즉 신자다운 판단과 행동을 할 근거를 갖지 못하게 되어 신앙의 원리에 따른 신자로서의 처신을 하지 못하게 되는 것입니다. 그리하여 결국 각각 제 소견에 옳은 대로 판단하고 처신하는 길을 가게 되지요. 이러한 현상이 교회 안팎에서 빚어내는 한국교회의 부정적인 현상은 이미 심각한 상태입니다. 성경에는 문맹이라고 할 만큼 성경에 익숙하지 못한 사람이 일상의 삶과 교회 안의 생활에서 신앙적인 분별력을 가질 수 없다는 것은 필연적인 결과입니다. 그러니 매사를 신앙적인 원리와 분별을 기준으로 판단하고 처신하지 않게 됩니다. 이것은 신자 개인의 삶을 위해서는 물론, 목회자의 목회를 위해서도 바람직하지 않은 일입니다.

교회가 어려운 문제에 부딪혀 분쟁이 일어날 때 교인들은 성경의 원리에 따라 처신하지 않고, 각자의 소견에 옳은 대로 처신하게 될 것입니다. 그리하여 교회는 걷잡을 수 없는 혼란에 빠지게 되지요. 또한 이단의 유혹이나 공격에 대하여도 스스로의 판단으로 대비하지 못하고 쉽게 유혹에 빠지게 됩니다. 실례로 근래에 한국 교계를 극심하게 어지럽히고 있는 신천지 이단은 성경으로 말한다는 미명 아래 터무니없는 황당한 성경 해석을 들이밀고 있습니다. 그러나 많은 교인들이 오히려 그것을 심오한 말씀이라며 쉽게 휘말리고 있습니다. 신앙적이고 성경적인 분별력을 갖추지 못하고 있기 때문입니다. 교인들이 성경적인 분별력을 갖추지 못하고 있는 가장 큰 원인은 성경 본문을 말하는 설교를 듣지 못했기 때문일 수 있습니다.

성경이 교회의 각종 의식에서 사라져감으로써 현대 교회와 성경이 제시하는 원래의 교회와 현실 교회 사이의 연속성이 약화되거나 심지어 단절되어 오늘날의 교회가 원래 교회가 존재하게 하였던 말씀이나 교회의 유일한 존재 목적을 더 이상 기억하지 못하게 되어버리는 것이 가장 절박한 문제라는 제임스 스마트(James D. Smart)의 지적은 현대 교회에 대한 정당한 우려입니다.[10)]

셋째로, 겉으로 표현을 하지 않고 있을 뿐, 강단 아래 앉아서 설교를 듣는 교인들 가운데는 강단으로부터 방금 낭독된 그 말씀을 듣고자 하는 기대가 충족되지 않고 있는 현실에 대하여 심한 불만과 강단에 대한 불신이 끓어오르고 있음을 기억해야 합니다. 설교자가 강단에서 본문 말씀을 낭독하는 것은, 그 말씀을 설교하겠다는 공적인 약속입니다. 강단 아래의 교인들은 무엇보다도 먼저 그

약속이 지켜지기를 기다립니다.

강단 아래의 교인들이 설교자들에게 쏟아내는 불만은 크게 세 가지입니다. 첫째는 설교가 본문 말씀을 말하지 않는다는 불만이고, 둘째는 설교자 자신은 설교한 대로 전혀 살지 않는다는 불만이며, 그리고 셋째는 설교자가 설교한 대로 목회하지 않는다는 불만입니다. 강단 아래의 신자들은 방금 읽은 그 성경 본문을 설교하는 설교자, 그리고 그의 일상의 삶이 강단의 설교를 배반하지 않고, 강단의 설교가 그의 삶을 조롱하지 않는 설교자를 보고 싶어 합니다.

넷째는 교회 안에 일 중독자들을 양산하는 것입니다. 본문의 말씀을 충실하게 말해주지 않는 설교에 실망한 교인들이 자기의 신앙을 지켜야 한다며 자구책으로 내리는 결론은 교회의 일을 열심히 하는 것입니다. "설교가 어떠한가 하는 것이 뭐 그리 중요하냐. 다 옳은 말씀이니 한마디라도 순종하고 지키는 것이 중요하지. 설교와 상관없이 결국 하나님 앞에서 내 신앙을 지키는 것이 중요하지"라고 생각하게 됩니다. 그리고 그것을 위하여 내리는 결론이 열심히 교회의 일에 충성하면 된다는 것입니다. 이렇게 설교에서 성경 말씀의 침묵은 교인들로 하여금 급속히 하나님을 섬기는 일로부터 교회 자체와 교인 자신들을 섬기는 일로 돌아서버리게 하는 결과를 초래합니다.[11)]

그리하여 교회의 일을 열심히 하는 것 자체가 자기의 신앙을 지키는 방편이 됩니다. 그리고 열심히 교회에서 봉사하고 있다는 사실이 자기가 하나님 앞에서 신앙생활을 제대로 하고 있다는 것을 확인하고 안심하는 증거가 되기 시작하지요. 신앙의 성숙과 인격의 성화에 대한 말씀의 척도가 없어진 교인들은 신앙의 덕목으로서 내세워지는 다양한 방식의 행위 곧 교회의 일을 척도로 자신의 신앙을 검증하고 확인하며 스스로 위안을 삼는 데로 나아가게 됩니다. 그리하여 열심히 일을 하는 것 자체가 목적이 되는 것입니다. 이 과정에서 그 사람은 자기도 모르는 사이에 점점 일 중독자가 되어갑니다. 그러므로 본문의 말씀을 설교하여 교인들에게 은혜를 끼치지 않는 설교자들이 자기도 모르는 사이에 만들어내는 치명적인 결과는 교인들을 일 중독자로 내모는 것이라고 할 수 있습니다.

마지막으로 이단에 대한 무방비입니다. 성경의 진리를 설교하는 데 실패할 경우 신자들 가운데서 이단이 활개를 치게 되는 결과를 초래한다는 것은 현장에서 우리가 확인하고 있는 사실입니다. 예를 들어, 앞에서도 이미 언급한 바와 같이 근래에 한국교회에 가장 큰 폐해를 끼치며 주목을 받고 있는 신천지 이단은 황당한 본문해석과 이만희 중심의 어이없는 교리를 주장하는 대표적인 집단입니다. 그런데도 수많은 기존의 정통 교회의 교인들이 신천지 이단에 끌려들어가고 있습니다. 그뿐 아니라 오히려 신천지에서 들은 내용을 가지고 기존의 정통 교회에서는 들어보지 못한 심오하고 깊이 있고 철저하게 성경중심적인 설교라고 당당히 주장을 합니다.

이렇게 기존의 교인들이 이 이단의 미혹에 쉽사리 빠져 들어가는 이유가 무엇일까요? 교회 예배와 봉사에 열심히 참석하던 교인들이 어느 날 갑자기 신천지 이단에 모든 것을 바치며 헌신하는 데로 가버리는 현실이 정통 교회의 설교와 설교자에게 던지는 도전이 무엇인가요? 신자들이 어느 가르침이 성경적인지 반성경적인지를 분별할 수 없는 허약한 체질이 되어버린 근본적인 원인은 어디에 있는 것인가요?

그들의 개인적인 무책임과 무지함보다 더 근본적인 문제는 그들이 그동안 교회와 신자의 정체성을 확립하여 어떤 가르침이나 주장에 대한 신학적, 성경적 분별력을 행사할 수 있을 정도로 자라가게 하는 설교를 듣지 못하며 교인 생활을 해온 데에 있다고 할 수 있지 않을까요? 그리고 그것은 전적으로 기존 교회의 설교와 설교자들의 책임이라고 해야 되지 않을까요?

그러므로 신천지 이단에 대한 대응은 설교자들이 성경을 제대로 설교하며, 교회와 신자의 정체성을 확립하는 데에 목적을 둔 설교를 소홀히 해왔다는 반성으로부터 시작해야 할 것입니다. 이만희 씨가 그렇게 황당한 알레고리 해석과 억지 해석 그리고 말도 안 되는 자의적 해석을 일삼는데도 오랫동안 신앙생활한 정통 교회의 신자가 아무런 이질감도 느끼지 않으면서 오히려 그것을 기존 교회 목사에게서는 들어보지 못한 심오한 성경 중심 설교라고 좋아하는 것은, 아마도 그들이 기존 교회에서 그러한 알레고리 해석과 자의적 해석 등에 익숙해 있기 때문인지도 모릅니다.

신자로 신자되게, 교회로 교회되게!

성경적 교회관의 확립

위에서 제시한 것과 같은 위기 상황을 극복하는 가장 간략하고 확고한 일차적 해결책은 교회란 무엇인가를 철저하게 다시 확인하는 것입니다. 교회의 성경적 정체성을 재확인하고 회복하는 것입니다. 이것은 당연히 신자란 누구인가라는 문제를 포함합니다.

그동안 우리가 저지른 가장 큰 실수는 교회관의 변질이라고 할 수 있습니다. 우리도 알지 못하는 사이에 교회관은 기업관으로, 목회자관은 CEO관으로, 교인관은 고객관으로, 예배관은 공연관으로, 예배 회중관은 공연 관람객관으로 변질시켜온 것입니다. 교회는 회사처럼 되고, 교인은 관객과 고객처럼 되고, 예배는 기획된 공연물처럼 되고, 목회자는 사장님처럼 되고, 당회는 중역회의처럼 되어버린 데에 한국교회의 가장 큰 문제가 있는 것입니다.

그러므로 시급히 다시 확인하고 회복해야 될 것은 성경적 교회관이라고 할 수 있습니다. 교회란 무엇인가에 대하여 철저하게 재확인하고, 그에 따라서 우리의 생각과 판단과 우선순위를 전환해야 합니다. 이것이 다름 아닌 정체성의 확립입니다.

말씀으로 돌아가라

둘째는 철저하게 말씀으로 돌아가는 것입니다. 그리하여 말씀 이탈과 말씀 상실의 상황, 강단에서 말씀의 침묵과 교회에서 하나님의 침묵이라는 비극적 상황을 벗어나야 합니다. 사실 정체성을 확인하는 근거는 성경 말씀입니다. 말씀을 떠난 어디서도 우리는 신자에 대하여, 교회에 대하여 정체성을 확인할 수 없습니다. 하나님을 알고, 하나님과 관계가 깊어지는 가장 확실한 방편은 그의 말씀을 읽고 듣고 알고 행하는 것입니다. 그러므로 요한계시록의 첫 마디도 말세를 사는 신자에게 가장 중요하고 가장 가치 있는 복은 계시의 말씀을 읽고 듣고 그 가운데 기록한 것을 행하는 자라는 선언으로 시작하고 있지 않습니까!

말씀 이탈의 주도적인 역할을 한 곳이 강단이었다는 점을 의식한다면, 말씀으로 돌아가는 일도 강단이 주도가 되어 앞장서야 합니다. 아모스 선지자가 그렇게 처절하게 지적했던 말씀의 기갈은 바로 오늘날 우리가 경험하고 있는 것과 같은 시대를 두고 한 말씀일지도 모릅니다. 성경책은 어디에나 나뒹굴고 있는데, 정작 그 안에 주신 하나님의 말씀은 들을 수 없는 시대를 우리가 만들고 있는지 모릅니다. 강단에서 말씀의 회복과 말씀의 부흥이 이 시대를 사는 우리의 급선무입니다.

성경적 설교란 무엇보다도 성경 본문을 선포하는 설교를 말합니다. 본문을 충분히 드러내어 제시하는 강해 설교가 강단에서 회복되는 것이 필요합니다. 본문을 청중의 기복적이고 실용성 우선의 개인적 욕구 충족을 기준으로 풀어내는 것을 지양하고 성경 전체를 관통하고 있는 흐름인 구속사적 혹은 그리스도 중심적 설교 원리에 충실하도록 풀어내는 설교를 회복하는 것이 필요합니다.

동시에 그동안 개인적인 차원에만 집중하여 온 설교에서 신앙 공동체를 세우는 차원의 설교로 범위를 넓혀야 합니다. 구속사의 궁극적 지향점도 하나님과 신자 개인의 차원이 아니라 구속받은 자들이 이루는 신앙 공동체를 통한 하나님 나라를 세우는 것을 향하고 있다는 사실을 간과하지 않아야 합니다. 사실 그동안 우리의 설교나 신앙적 관심은 지나치게 신자들과 하나님의 개인적 관계 문제에 집중되어 왔다는 반성이 필요합니다. 위와 같은 점에서의 설교의 갱신이 바로 성경적 설교의 회복일 것입니다.

말씀 순종

순종은 하나님에 대한 절대 신뢰가 맺어내는 열매입니다. 하나님께서 순종을 그렇게 원하시고 또 기뻐하시는 이유는 하나님이 우리의 순종을 통하여 덕을 보시기 때문이 아닙니다. 하나님을 그렇게 신뢰하고 있다는 증거이기 때문입니다. 헌신이 사랑이 만들어내는 열매라면, 순종은 믿음이 만들어내는 열매입니다. 그러므로 하나님은 헌신과 사랑을 그렇게 기뻐하시는 것입니다. 하나님은 우리의 성취를 도와주는 도구나 수단이 아니라, 하나님 자신이 우리의 목적이라는 사실을 알아야 합니다. 말씀대로 사는 것이야말로 결국 신자가 신자답게 되고, 교회가 교회답게 되는 유일한 길입니다. 이것은 현실적으로 많은 고난을 감수해야 되는 일입니다. 그러나 신자와 교회의 진정한 능력과 영광이 거기에 있음을 알아야 합니다.

초창기 한국교회의 "성경 중심"적 성격의 회복

한국 기독교의 가장 두드러진 특성 가운데 하나는 외국 선교사가 입국하기 전에 이미 성경이 먼저 번역되고 보급되었다는 사실입니다. 개신교 선교사가 최초로 한국에 들어온 것은 1884년이었습니다. 그러나 한국어 성경 번역은 그 이전에 만주를 중심으로 이루어졌습니다. 그리고 후에 일본에서도 이루어졌지요. 만주에서는 존 로스(John Ross, 1842–1915)와 존 매킨타이어(John McIntyre, 1837–1905)가 주도하고, 이응찬, 김진기, 이성하, 백홍준, 서상륜 등 한국인 번역자들이 합세하여 이루어졌습니다. 1882년에 누가복음 인쇄, 1883년에 마태복음과 마가복음과 사도행전을 인쇄, 1887년에 신약 전체를 번역하여 3천부를 출판하였습니다. 이것이 바로 "로스 번역본"(Ross Version)입니다.

일본에서는 이수정이 누가복음을 번역하였고, 1885년 초에 미국성서공회에서 1천부의 번역판을 인쇄하였습니다. 만주에서 성경 번역에 참여한 한국인 번역자들은 그 이후 성경을 국내에 들여와 보급할 뿐 아니라, 성경 말씀(복음)을 전하는 일에도 힘을 기울였습니다. 예를 들어, 1883년에 서상륜은 위험을 무릅쓰고 새로 번역된 복음서 성경을 한국으로 가져왔으며, 1884년에는 6천부를 들여와 여러 지방으로 다니면서 배포하였습니다.[12] 영국성서공회 한국지부가 1896-1940년까지 한국에서 반포한 성경은 총 2,062만여 권으로 이는 매년 458,255권이 반포된 셈이며, 미국성서공회 한국지부가 1901-1919년까지 한국에서 반포한 것은 총 266만 권으로 매년 140,455권을 반포한 셈입니다.[13]

한국의 성경 반포 사업이 그렇게 활발하게 일어나게 된 데는 권서(colporteur)들의 활동이 결정적인 역할을 하였습니다. 권서는 성서공회 혹은 선교사의 감독을 받으며 성경을 판매, 보급하는 활동을 맡았던 사람들입니다. 이들은 성경을 짊어지고 전국 방방곡곡으로 돌아다니며 그것을 보급하고, 그 내용을 전하기에 희생적으로 헌신했던 이들입니다.[14] 1940년까지 영국성서공회 한국지부는 성경 보급의 약 85%를 권서들에 의존하였고, 1913-1918년의 미국성서공회 한국지부 성경 보급의 약 98%도 권서에 의해 이뤄졌습니다.[15]

일본을 거쳐 한국으로 찾아온 초대 선교사들은 이미 번역된 복음서를 들고 입국할 수 있었습니다. 이러한 사실들은 선교사들이 도착하자마자 곧 사역의 열매를 거둘 수 있을 만큼 선교의 준비 작업이 진행되고 있었음을 의미하는 것입니다.[16]

성경 번역과 보급으로 말미암아 한국 최초의 개신교 신자들은 처음부터 자기의 언어로 직접 성경 말씀을 접할 수 있었습니다. 성경을 가지고 전도하며, 교육할 수 있었습니다. 이렇게 성경은 한국 교회 역사의 첫 순간부터 매우 중요하고도 중심적인 위치를 차지하였습니다. 이와 같은 사실은 한국 기독교가 성경 중심의 성격을 가진 기독교로 정착하는 결정적인 요인이 되었습니다. 선교사들이 도착하자마자 곧 사역의 열매를 거둘 수 있었던 것도, 이후의 한국 교회가 그렇게 지독한 핍박 가운데서 그렇게 힘찬 성장을 이룰 수 있었던 것도 성경 중심의 그 체질 때문이었습니다.

성경이 한국교회에서 차지하는 독특한 위치를 목도한 선교사들은 한국 기독교인들을 "성경을 사랑하는 그리스도인"(Bible-loving Christian) 혹은 "성경을 사랑하는 사람들"(Bible Lovers)이라고 불렀습니다. 그리고 한국의 기독교를 "성경기독교"(Bible Christianity)로 지칭하곤 하였습니다.[17] 선교사들은 당시 한국교회 안에서 일어나고 있는 이러한 상황을 주목하면서 이렇게 언급하였습니다.

> 이 땅에서 발전되고 있는 기독교는 출중하게도 성경기독교이다. 복음전도자들이 전도하기 위해 가져가는 것은 성경이다. 믿어지고 있는 것은 하나님의 말씀이며 그것에 의해 사람들이 구원받고 있다. 한국 기독교인들이 매일 먹고 마시는 양식은 성경이다. ……성경은 이 땅에 사는 수많은 사람들의 정신적이고 영적인 자

양분 중에서 가장 중요한 자리를 차지하고 있다.[18]

성경이 광범하게 반포되자 한국의 초대 기독교 공동체에서는 성경을 읽기 위해서 '국문 공부' 운동이 일어났습니다. 그리고 뒤이어 '사경회'(査經會)라는 이름의 성경을 집중적으로 공부하는 성경 공부 운동이 일어나게 되었습니다. 사경회 운동은 1903년과 1907년의 한국의 부흥 운동을 가능하게 하였습니다. 그뿐 아니라 일제하에서도 교회의 지속적인 성장을 가져왔으며, 해방 후 오늘에 이르기까지 조직적인 성경 공부가 한국교회 성장의 토대가 되었다는 것은 잘 알려진 사실입니다. 사경회는 초기에 선교사와 그 부인들, 한국인 조사와 장로들 및 권서들이 인도하였으나, 뒷날에는 주로 한국인 지도자들이 부흥회를 인도하면서 사경회를 겸하였습니다.

1908년 미 북장로교 선교 구역에서만 800여 회의 사경회에 5만여 명의 신자들이 참석하였습니다. 이 무렵에는 신자들의 60% 정도가 매년 사경회에 참가하고 있었습니다. 1901년 평양에서 개최된 사경회에는 압록강 가의 삭주 창성 지방의 자매들이 행리를 머리에 이고 등에 지고 300리 길을 걸어왔고, 그 이듬해 평양에서 열린 '사나이' 사경회에는 멀리 전라도의 목포 무안 지방에서 참석한 형제들이 있었습니다(「그리스도신문」 6-5호, 1902. 1. 31일자). 1909년 10일간의 성경공부를 위해 한 자매는 머리에 쌀자루를 이고 300마일을 걸어왔고, 다른 이들은 거기에다 아이들까지 업고 왔는데 그들은 손때 묻고 닳은 성경책을 갖고 있었습니다(H. Miller, "Matters of Moment," *Bible in the World*, 1909. 9. p. 263).[19]

이와 같은 한국 기독교의 '성경기독교'적인 성격은 한말 일제하에서뿐 아니라 해방 후에도 지속되었고 또한 교회 성장의 중요한 요인이 되었습니다. 한국교회가 자랄 수 있는 영적인 토대는 바로 성경이 한국 사회에 널리 보급되고 교인들 사이에서 공부되는 과정을 통해 마련되어 갔기 때문입니다. 다시 말하면, 한국교회의 주목할 만한 성장과 발전은 교회 초기부터 성경을 체계적으로 가르치는 성경 중심의 교회로 세워졌기 때문이라고 할 수 있습니다.[20]

초창기 한국교회의 사경회의 회복

앞에서 이미 인용한 대로 초기 한국교회의 독특한 특성 가운데 하나는 그것이 "성경 중심적 기독교"였다는 사실입니다. 그리고 한국교회가 이러한 특성을 갖게 하는데 중요한 역할을 감당한 것이 바로 사경회였습니다. 초창기 한국교회의 신자들이 성경을 읽기 위하여 국문 운동을 일으켰으며, 성경을 배우기 위하여 사경회 운동을 열렬하게 진행한 사실은 위에서 이미 소개한 바와 같습니다. 그러나 한국교회가 부흥과 성장에 집중하면서 성경 사경회는 심령 부흥회로 바뀌는 경향을 띄게 되었고, 성경이 아니라 감정과 축복

중심의 세속적 집회로 변절하기 시작하였습니다. 그러므로 한국 교회는 초창기의 성경 사경회를 회복하는 일에 힘을 기울여야 합니다.

한국교회의 현실이 갖는 절망과 소망의 이중성

한국교회의 현실은 현상학적 관점은 물론 섭리적 관점에서 이해해야 합니다. 몰락과 붕괴의 현실 양상에 주목하는 입장과 하나님의 손길에 주목하는 입장이 그것입니다. 현상학적 관점과 섭리적 관점에서 한국교회 현실을 접근할 때 우리는 한국교회가 직면하고 있는 위기 상황은 절망과 소망의 이중성을 갖고 있다는 사실을 확인하게 합니다. 섭리적 관점에서 현실을 이해할 때 우리는 재앙이 아니라 복을, 절망이 아니라 소망을 품으신 하나님의 섭리적 요구를 새롭게 확인하게 됩니다. 그리하여 우리가 나아가야 할 지향점과 내려야 할 결단을 그로부터 얻게 됩니다.

먼저 현상학적 관점에서 보자면 한국교회의 현실은 절망적이라 할 수 있습니다. 한국교회의 현실을 보면서 교회 안팎의 수많은 인사들이 한국교회는 지금 "붕괴"하고 있으며, "막다른 길"로 접어들었다고 서슴없이 말합니다. 대형교회들의 추태, 사회로부터의 무참하고도 모욕적인 공격, 신자들의 교회 이탈, 청년들의 교회 이탈, 대학가의 무신론 운동과 전도 거부 운동, 젊은이들의 헌금 거부 추세 등을 주목하면 한국교회는 무너지고 있고, 한국교회는 붕괴하고 있다고 할 만큼 절망적이고 부정적인 것이 사실입니다. "20년 후에는 기독교 인구가 400만대가 될 것이다!"라고 단언하는 이도 있습니다. 현상학적으로 볼 때 한국교회가 절망적이라는 것은 교회 안팎의 거의 모든 이들이 공통적으로 쏟아내는 말이기도 합니다.

그러나 섭리적 관점에서 보자면 소망이 있다고 봅니다. 한국교회의 현실은 단순히 벌어지고 있는 현상에만 집중하여 접근할 일이 아닙니다. 이러한 현상을 주도적으로 이끄시는 보이지 않는 손으로서 하나님의 섭리라는 관점에서 접근할 필요가 있습니다. 사실 한국교회가 처한 현상으로 말미암아 가장 큰 능욕을 받는 이는 한국교회 신자나 지도자들이 아닙니다. 하나님 자신이 가장 큰 능욕을 받고 있습니다. 이스라엘 백성이 망하고 성전의 기물들이 이방 원수들의 승전 술 파티용 기구로 사용됨으로 실은 망한 이스라엘이 아니라, 하나님이 가장 큰 능욕을 당했던 것과 마찬가지 현상이라고 할 수도 있습니다. 한국교회를 막다른 길로 몰아붙이는 "하나님의 손길"이라는 관점에서 오늘날 한국교회가 처한 현실을 접근하는 것이 필요합니다.

한국교회는 그동안 하나님의 말씀을 떠나서도 아무런 문제없이 잘 성장하고, 환대받고, 사회의 주류 세력으로 군림하고, 편안히 잘 사는 수십 년을 지내온 것이 사실입니다. 그러나 그것은 행복이 아니라, 불행이었습니다. 아무런 문제가 없었던 것이 아니라 심각한 문제가 우리도 모르는 사이에 계속 쌓여왔던 것입니다. 그렇게 살아온 대가를 지금 혹독하게 치루고 있습니다. 그러나 지금의 현상은 단순히 한국교회가 저지른 과오에 대한 대가를 지불하고 있다는 관점에서만 현실을 인식하는 것은 신앙적인 태도가 아닙니다. 단순히 인과응보의 차원에서 잘못에 대한 대가를 지불하는 자연 원리가 작동하고 있는 것이 아닙니다. 하나님이 역사의 주인이시라는 사실을 믿는 신자라면 지금 이렇게 참담한 역사 현실 속에서도 하나님은 여전히 역사의 주인으로 일하고 계신다는 사실을 의심할 수 없습니다. 그 사실을 믿기 때문에 신자인 것입니다.

섭리적 관점에서 작금의 한국교회 현실을 이해할 때 분명해지는 것은, 하나님께서 지금 한국교회를 막다른 길로 몰아가고 있는 것이라는 이해입니다. 마치 도망자 요나를 몰아가셨듯이 한국교회를 향하여 하나님의 손길이 움직이고 있다는 입장입니다. 하나님이 몰아가시는 막다른 길에 이르면서 한국교회는 몇 가지 사실을 반드시 배우고 확인하게 될 것입니다.

그 가운데 대표적인 것을 두 가지만 든다면, 대형교회 만능의 원리는 더 이상 작동하지 않는다는 사실과, 주특기 하나면 만능이라는 것은 더 이상 통하지 않는다는 사실일 것입니다. 이것은 다른 말로 하면, 물량 최우선은 더 이상 통하지 않는 세상이라는 것과, 기본을 무시한 주특기 하나로 모든 것이 통합되고 요약되는 세상이 더 이상 아니라는 확인입니다. 이 사실을 확인하면서 "교회란 무엇인가?" "신자란 무엇이며, 신앙생활을 한다는 것은 무엇인가?" "그러면 이제 어떻게 해야 한단 말인가?"라는 필연적 질문에 부딪치게 될 것입니다.

그러한 자기 성찰적 질문은 당연히 "하나님께로 돌아가는 것이다" "말씀으로 돌아가는 것이다" "기본으로 돌아가는 것이다"라고 표현되는 결론으로 우리를 인도할 것입니다. 이것을 한마디로 요약하면 결국 어떤 대가를 지불하더라도 이제는 교회가 교회다워지고, 신자가 신자다워지는 길로 가야 된다는 확인과 결단이라고 할 수 있습니다. 결국 그 길로 들어서는 것이 한국교회가 새로워지는 출발점이 될 것이고, 그것이야말로 한국교회의 소망의 시작이 될 것입니다. 이렇게 볼 때 현재의 한국교회의 절망적인 현상은 사실 소망의 결정적인 기회이기도 합니다.

우리가 가야할 길

두 가지 측면에서 우리가 가야할 길에 대하여 말씀드리겠습니다. 하나는 조건의 측면이요 다른 하나는 각오의 측면입니다. 조건은 기본으로 돌아가는 것이고, 각오는 그것을 실천할 때 닥칠 현실적 고통들을 감수하는 결단입니다.

이미 언급한 바와 같이 한국교회가 절망과 위기의 상황을 오히려 새 역사의 시작이라는 소망의 발판으로 만들기 위한 필수적인 조건은 "이제는 하나님께로 돌아가는 수밖에 없다!" "기본으로 돌아가야 한다!"는 결론을 확인하고 그것을 실천하는 것입니다. 이것은 교회와 신자들의 삶에서 하나님의 침묵과 하나님 부재 현상을 극복하고 하나님으로 말씀하시게 하고, 하나님이 다스리시게 하는 것입니다. 그리고 그것을 실현하는 구체적인 방법은 무엇보다도 하나님의 말씀으로 돌아가는 것 외에 다른 길이 없습니다. 요약하면, 한국교회는 하나님께로 돌아가야 되고, 그것을 실천하는 구체적인 내용은 결국 말씀으로 돌아가는 것입니다.

하나님의 말씀으로 돌아간다는 것은 하나님의 말씀에 능통하게 되고, 하나님의 말씀을 순종하는 일에 치열한 삶을 살게 되는 두 가지를 동시에 갖추는 것을 의미합니다. 교회와 신자들의 삶에서 하나님의 말씀이 최우선 순위를 갖게 되는 것입니다. 설교자의 강단도, 교회의 운영과 생활도, 신자들의 삶의 현장도 말씀 이탈로부터 말씀 중심으로 돌이켜서 이제는 말씀의 주인이신 하나님이 드러나게 하는 것입니다. 그리하여 신자가 신자다워지고, 교회가 교회다워지는 데로 나아가는 것입니다.

하나님께서는 이러한 역사의식과 결단을 갖고 말씀으로 돌아가서 말씀 최우선으로 신자의 삶을 살고 교회의 삶을 살기로 하는 소수의 지도자와 교회를 통하여 한국교회 역사를 다시 새롭게 시작하실 것입니다. 사실 하나님께서는 마치 예레미야 5장에서 한 사람을 긴급히 찾고 계시듯이, 오늘도 이런 신자와 이런 교회를 찾고 계십니다. 그리고 그 한 사람 때문에 예루살렘을 다시 멸하지 않고 건지시겠다고 하시듯이, 한국교회의 역사를 새롭게 시작하실 것입니다. 여기에 한국교회의 소망이 있습니다.

그러므로 지금의 한국교회의 현실은 어디를 주목하여 보는가에 따라 절망과 소망의 이중성을 동시에 가지고 있다고 할 수 있습니다. 이 시대의 신자와 교회 지도자와 교회가 긴급히 가져야 할 지혜가 무엇인가는 분명합니다. 하나님이 몰아가시는 그 지점에 빨리 가 있는 것입니다. 버티고 버티다가 기진맥진한 다음에야 어찌할 도리가 없어서 그때서야 그것을 깨닫게 되면 여력이 없어서 그 일을 못하게 되고, 너무 늦어버려서 그 길에 들어서지 못하게 될 것입니다. 그러면 그야말로 몰락하고 망하는 것입니다. 하나님이 움직이시는 손길을 바라보고 하나님께서 우리를 몰아가시는 그 지점을 확인하고 속히 그곳으로 가야 합니다. 그것이 지혜이고 그것이 살아날 길입니다. 그렇게 하는 신자들과 교회들이 하나님이 새롭게 시작하시는 새 역사의 주인공이 될 것입니다.

그런 점에서 지금 한국교회가 처한 위기 상황은 어떻게 반응하는가에 따라서 그야말로 놀라운 기회이기도 합니다. 그런데도 중심 세력과 기득권으로 풍성하게 지내왔던 과거의 역사에 대한 미련과 집착을 버리지 못하고 그것을 유지하고 되살려내기 위하여 몸부림을 치는 것은 참으로 어리석은 처신입니다.

지금 문제아로 지목된 몇몇 교회들과 유명 지도자들이 온갖 추태를 벌이며 비난의 중심에 서기를 마다하지 않는 것의 핵심에는 지금까지 사이즈가 큰 것, 무엇인가로 유명해진 것을 근거로 누렸던 중심 세력의 명예와 기득권의 편안함에 대한 미련과 집착을 버리지 못하여 어떻게든 그것을 놓치지 않으려는 과거 지향적 역사관과 더러운 이익을 탐하는 탐욕이 자리 잡고 있는 것입니다. 그것은 절대로 통하지 않을 것인데도 그것을 붙잡아보고 유지해보려는 불쌍하고 애처로운 몸부림입니다.

그러나 그것은 마치 요나가 타고 도망가던 풍랑 만난 배를 어떻게든 침몰로부터 지켜보려고 효과 없는 온갖 몸부림을 다하던 그 배의 선원들이나 다를 바 없는 모습입니다. 역사를 바로 바라보는 사람이라면 과거에 집착하지 말고 빨리 하나님께서 이끄시는 역사의 흐름에 합류해야 합니다. 한국교회 위기의 핵심 문제와 회복의 핵심 방편은 사람에 초점을 맞추어 말하면, 지도자들이 속히 책임 있는 대변신을 하는 것입니다. 더 직설적인 말로 하면, 한국교회의 지도자들과 교인들이 이제부터라도 예수를 제대로 믿어야 하는 것입니다. 예수를 제대로 믿는 목사가 되고 장로가 되고 교인들이 되자는 각성을 해야 하는 것입니다. 그리고 내용에 초점을 맞추어 말하면, 말씀으로 돌아가는 것입니다. 그리하여 신자가 신자답게 되고, 교회가 교회답게 되는 일에 진력하는 것입니다.

물론 위와 같은 대변신은 마음 한 번 먹고 결심하는 집회 한 번 해서 되는 일은 아닙니다. 고난과 외로움과 고단한 하루하루를 당해내야 하는 길입니다. 이 시대의 흐름을 거역하는 무모한 모험을 몸으로 감당해야 하는 일이기도 합니다. 교회가 변두리 그룹으로 소외당하고 배제당하는 외로움을 감수해야 하는 일이기도 합니다. 목회자들에게는 억울한 모욕과 턱없는 경멸, 그리고 고달픈 가난을 감수할 것을 요구하기도 할 것입니다.

그러나 그것이 불가능한 것만도 아닙니다. 교회다워지기 위하여, 신자다워지기 위하여, 고난당하며 살기로, 모욕당하며 살기로, 그리고 변두리 그룹으로 외롭고 쓸쓸하게 살기로 작정을 하면 이 시대의 큰 흐름을 거스르면서 신자답고 교회답게 살아가는 것이 불가능하기만 한 것도 아닙니다. 오히려 그런 삶을 한 걸음 한 걸음 살아가는 그곳에 신자와 교회의 진정한 능력과 영광이 있다는 비밀을 알아야 합니다.

여기에 몰락의 위기에 처했다고 절망하는 한국교회의 진정한 소망이 있습니다. 어떤 대가를 치르더라도 교회가 교회다워지고, 신자가 신자다워지는 데에 한국교회의 진정한 소망이 있습니다. 그리고 그것은 어떤 대가를 지불하고 어떤 고난과 불이익을 당하면서라도 말씀으로, 하나님께로, 기본으로 돌아가겠다는 각오로 그 걸음을 한 걸음씩 옮겨갈 때 현실로 이루어질 것입니다.

註

1) www.kosis.kr 국내국제통계〉인구가구〉인구총조사〉총조사인구(2005)〉종교별인구
2) 한춘기 교수는 그의 논문 "한국교회의 나아갈 길- 복음주의 기독교교육의 관점에서"에서 한국교회의 양적 성장이 감소 추세로 돌아선 원인을 외적인 원인과 내적인 원인으로 구분하면서 다양하게 그 원인을 규명하는 시도를 하고 있다(참조. 「한국복음주의 신학회 제60차 정기논문발표회 논문집」, 70-74).
3) 기독교윤리실천운동, "2008년 한국교회의 사회적 신뢰도 여론 조사 결과발표 세미나"(서울: 기윤실, 2008).
4) 최승락, "반기독교 운동, 그 실태와 대처", 「제주지역 3개교단 연합 신학포럼」(고려신학대학원, 2012. 6. 15), 미발간 강의안, 1-12.
5) 참고. 정창균, "신천지 이단의 성경해석과 설교적 대응", 「설교한국」(서울: 한국설교학회), vol.4 no.1, 30-64.
6) 밀라드 J. 에릭슨, 제임스 헤플린, 『건강한 교회를 위한 교리설교』, 이승진 역(CLC, 2005), 55에서 재인용.
7) 이만희, 『천국비밀 요한계시록의 실상』(도서출판 신천지, 2005), 23.
8) 루돌프 보렌, 『설교학원론』, 박근원 역 (대한기독교출판사, 1979), 44.
9) Paul S. Wilson, *Practice of Preaching* (Nashville: Abingdon Press, 2004), 31-32.
10) 제임스 D. 스마트, 『왜 성서가 교회 안에서 침묵을 지키는가?』, 김득중 역(도서출판 컨콜디아사, 1982), 27.
11) 같은 책.
12) 김영재, 『한국교회사』(수원: 합신대학원출판부, 개정3판, 2009), 80-84.
13) 이만열, 『한국기독교와 민족의식』(서울: 지식산업사, 1991), 153-154.
14) 권서의 역할과 활동 등에 대하여는 이만열, "권서에 관한 연구", 『한국기독교와 민족의식』, 109-199를 참조하라.
15) 이만열, 「한국교회사」 (합동신학대학원대학교, 2012년 1학기 강의안), 36.
16) 김영재, 『한국교회사』, 84.
17) 이만열, 「한국교회사」, 35.
18) "Matters of Moment" *Bible in the World*, Mar.1907, 70. 이만열, 「한국교회사」, 35에서 재인용.
19) 이만열, 「한국교회사」, 37.
20) 이만열, 「한국교회사」, 35, 37.

교회는
진리의
기둥과 터

홍동필

내가 속히 네게 가기를 바라나 이것을 네게 쓰는 것은 만일 내가 지체하면 너로 하여금 하나님의 집에서 어떻게 행하여야 할지를 알게 하려 함이니 이 집은 살아 계신 하나님의 교회요 진리의 기둥과 터니라_ 딤전 3:14-15

하나님의 은혜가 여러분에게 넘치기를 기원합니다. 우리나라가 세월호 침몰로 말미암아 온 백성들이 암울한 가운데 있습니다. 긴박한 상황에서 '어, 어'라고 신음만 하였을 뿐 아무것도 할 수 없는 인간의 무력함을 다시 한 번 느낍니다. 바라기는 아픔을 겪고 있는 모든 가족과 온 백성들에게 하나님의 긍휼과 자비가 함께 하시기를 기원합니다. 아울러 모든 일들이 정상적으로 회복되고 다시는 이런 일들이 일어나지 않도록 나라와 민족을 위해 기도하는 교회와 성도들이 되기를 바랍니다.

역사를 보고 느끼고 성경을 보면서 확신하는 것은 교회가 정말 소중하다는 것입니다. 구약의 역사를 보면 이스라엘을 중심으로 해서 역사가 움직였습니다. 그리고 신약에서 역사의 중심은 교회였습니다.

구약성경에 기록된 세계 역사를 살펴보면, 이스라엘을 중심으로 해서 남쪽으로는 애굽이 있는데, 이 애굽은 그 시대에 막강한 세력을 가지고 세계를 제패하였습니다. 그 후에 패권이 이스라엘의 남쪽에서 북쪽으로 옮겨지면서 바벨론이 신흥 세력으로 등장하게 됩니다. 세력을 얻은 바벨론이 천하를 휘두를 때 그 영향력은 엄청났습니다. 과거 이라크 대통령이었던 사담 후세인이 '바벨론의 전성기를 일으키자'라고 말할 정도로 그 당시에 바벨론은 강대했던 나라였습니다. 그러나 그런 바벨론도 페르시아에 의해서 멸망하게 됩니다. 과격하고 잔인한 무리가 페르시아인인데 이 나라 또한 헬라에 의해서 망하고 또 헬라는 로마에 의해서 멸망하게 됩니다. 여기까지가 구약 시대입니다.

결국 역사는 아무리 막강한 세력을 가진 나라라 할지라도 그 종착역이 있고, 그 결말이 있다는 것을 가르쳐줍니다. 그리고 숱한 인물들이 등장하고 사라지기를 수도 없이 반복했습니다만, 기억하는 사람들은 별로 없고 또 별 관심도 없이 살아갑니다. 이런 것을 생각하면 어떻게 우리에게 주어진 이 세상에서의 삶을 살아가야 하나를 생각하지 않을 수 없습니다.

이처럼 구약이 마무리되면서 헬라와 로마, 이 두 시대에 엄청난 일이 벌어지는데 그것은 언어가 통일이 되는 사건입니다. 그 언어가 바로 헬라어입니다. 그리고 로마 시대에는 '모든 길은 로마로 통한다'는 말과 같이 길이 확장되고 잘 꾸며지게 됩니다. 문화가 꽃을 피우고 철학과 문학과 예술 등 모든 방면에서 엄청난 전성기를 이루게 됩니다.

특별히 언어가 통일이 되고 도로가 잘 닦이게 되어 복음을 전하는 여건이 좋아지게 됩니다. 이때에 예수님이 태어나심으로서 인류를 구원하시려는 하나님의 구속의 역사가 이뤄지게 됩니다. 그리고 마가 요한의 다락방에 성령께서 임재하심으로 교회가 시작이 됩니다.

신약 시대의 역사를 살펴보면 이 시대는 교회를 중심으로 해서 발전하는 것을 발견하게 됩니다. 그런데 신약 시대의 특징은 구약 시대처럼 이스라엘에 국한되지 않는다는 것입니다. 전 세계 역사가 교회를 중심으로 해서 움직였습니다. 그 역사를 보여주는 것이 사도행전입니다.

한때는 핍박자였으나 회심하여 복음 전도자가 된 바울 사도는 아시아에 복음을 전하러 가게 됩니다. 그때 '이곳으로 건너와 우리를 도우라'라는 마게도냐 사람의 환상을 보고 그는 하나님의 인도하심이라 믿고 유럽으로 갑니다. 마게도냐의 첫 성인 빌립보 성에 가서 복음을 증거합니다. 이곳에서 바울 사도와 그 일행들은 전도하다가 애매하게 고난을 당합니다.

그것은 사도행전 16장에 잘 기록되어 있습니다. 바울 사도와 그 일행이 어느 날 기도하는 곳에 가다가 점치는 귀신들린 여종 하나를 만나게 됩니다. 이 여종은 점을 쳐서 자기 주인들에게 많은 돈을 벌어주고 있었습니다. 그런데 이 귀신들린 여종이 바울과 그 일행을 보면서 소리 소리를 지르는데, '이 사람들은 지극히 높은 하나님의 종으로서 구원의 길을 너희에게 전하는 자다'라고 하면서 따라다니는 겁니다. 이것이 싫어서 바울 사도가 그 귀신을 여종에게서 쫓아내버립니다. 정상으로 돌아온 여종은 이제 점을 칠 수 없게 되었습니다. 그러자 주인이 바울 일행을 고발하게 되고 관리들은 사정도 듣지 않고 무조건 때리고 감옥에 가둬버린 것입니다.

한밤중에 바울과 실라가 겨우 정신을 차리고 보니 감옥이었습니다. 모두가 잠든 조용한 그 시간에 이들은 하나님께 기도를 드립니다. 그리고 하나님을 향해 찬양을 드립니다. 성경은 그 찬양 소리를 죄수들이 들었다고 말합니다. 감옥에 갇혔음에도 불구하고, 그것도 좋은 일 하고서 감옥에 갇혔음에도 불구하고, 찬양을 하는 사람은 아마도 믿음의 사람들밖에 없을 것입니다.

그때 갑자기 큰 지진이 나서 옥 터가 움직이고 문이 다 열리며 모든 사람의 매인 것이 다 풀어지게 됩니다. 간수가 자다가 깨어 옥문이 열린 것을 보고, 죄수들이 도망한 줄 생각하여 칼을 빼서 자결하고자 합니다. 이때 바울이 크게 소리 지르면서 "우리가 여기 있으니 네 몸을 상하지 말라" 하자 간수가 깜짝 놀랍니다. 왜냐하면 당연히 죄수들이 도망친 줄 알았는데 아무도 도망치지도 않았을 뿐 아니라, 도리어 네 몸을 상하지 말라고까지 말할 정도였기 때문입니다. 이 일로 간수가 예수를 믿게 되어 빌립보 지방에 교회가 세워지게 됩니다.

이를 계기로 바울 사도는 제1차, 2차, 3차 전도 여행을 하면서 유럽 전역에 복음을 전합니다. 역사상 유럽의 모든 정치, 문화, 사회, 예술의 꽃이 피어나게 되는 때를 살펴보면, 어느 나라든지 교회가 세워지고 성장하며 부흥할 때는 나라도 함께 성장하게 되었다는 것을 보게 됩니다. 독일, 프랑스, 스위스, 네덜란드 등 모든 유럽의 교회가 성장하면서 유럽이 전성기를 맞이하게 되었습니다. 우리도 우리나라 교회가 급성장할 때 나라도 함께 성장한 것을 경험하면서 살고 있지 않습니까?

복음을 받아들인 유럽이 전 세계에 미치는 영향력은 엄청나게 컸습니다. 학문, 예술, 의학 등을 하려면 유럽으로 가야할 정도로 모든 면이 발전해 있었습니다. 이 유럽에서 복음이 영국으로 넘어가게 됩니다. 이 복음은 영국의 원주민인 바이킹족들을 예수 믿는 사람들로 바꾸게 됩니다. 그리고 시간이 흘러 영국에서 청교도들이 메이플라워호를 타고 아메리카로 넘어가게 됩니다. 그리고 시간이 흘러 조나단 에드워즈(Jonathan Edwards, 1703–1758)에 의해서 대각성운동이 일어나고 디 엘 무디(D. L. Moody, 1837–1899)가 예수를 믿고 큰 영향력을 주어 한국에 선교사들이 몰려오게 됩니다.

한국에 온 최초의 선교사는 영국의 토마스(R. J. Thomas, 1840–1866) 선교사였습니다. 그는 제너럴 셔먼 호를 타고 대동강으로 깊

숙이 들어왔으나 그 배가 좌초되어 어떻게 할 수가 없게 되었습니다. 이때 화공 작전으로 나온 조선군들에 의해 셔먼 호는 불이 붙었고 그는 성경 몇 권을 품에 품고 강물로 뛰어 내려 헤엄쳐 나왔습니다. 하지만 병졸인 박춘권의 칼에 죽고 맙니다. 그 후 아펜젤러, 언더우드 선교사가 와서 복음을 전합니다. 한국 사람들은 염치와 체면을 아는 사람들입니다. 이것이 좋게 작용하여, 교회가 금방 자립을 합니다. "선교사들이 많은 돈을 들여 선교를 하는데, 우리가 이러면 안 되지" 하고 곳곳에서 은혜 받은 사람들이 땅과 집을 기부해서 교회가 자립하게 된 것입니다. 기독교 2000년 역사 이래 한국처럼 유래 없는 교회 성장을 이룬 나라는 없을 것입니다.

여러분, 우리나라가 얼마나 잘 사는 줄 아십니까? 아시아에서 가장 살고 싶어 하는 나라가 한국입니다. 미국 사람들도 부러워합니다. 그런데 언제부터인지 한국교회가 비난과 비판을 받기 시작합니다. 교회가 스스로 교회됨을 허물어뜨리고 부끄러운 일들을 많이 만들어 내고 있습니다. 이것은 설교하고 있는 저도 포함되는 말입니다. 누구 하나 예외가 없습니다. 정말 우리는 우리 스스로를 살피고 자신을 새롭게 다짐으로 바른 교회와 바른 성도가 되어야 합니다.

어느 시대이든 교회가 쇠락할 때 그 나라도 쇠약해지고, 반대로 교회가 바로 세워질 때 그 나라도 굳건해지는 것입니다. 그렇다면 교회는 무엇입니까? 오늘 본문을 보면 이렇게 말씀합니다.

> 내가 속히 네게 가기를 바라나 이것을 네게 쓰는 것은 만일 내가 지체하면 너로 하여금 하나님의 집에서 어떻게 행하여야 할지를 알게 하려 함이니 이 집은 살아 계신 하나님의 교회요 진리의 기둥과 터니라(딤전 3:14-15).

디모데전서는 바울 사도가 믿음의 아들인 젊은 목사 디모데에게 쓴 편지입니다. 디모데전서, 디모데후서, 디도서를 목회서신이라고 하는데, 이 서신서들은 목회를 어떻게 하는지 가르쳐줍니다. 위의 본문은 바울이 디모데에게로 가고자 하는데 늦게 갈 수도 있어서 먼저 편지를 보낸 것입니다.

바울 사도는 목회를 해야 하는 디모데에게 교회를 무엇이라 말하고 있습니까? 그는 교회를 하나님의 집이라고 부릅니다. 즉 교회는 주인이 있는데 그분이 하나님이란 뜻입니다.

언제부터인지 교회의 주인이 사람이 되는 경우가 너무 많아졌습니다. 목사가 교회의 주인이 되고 장로가 교회의 주인이 되는 것이 너무 많습니다. 예수님도 이것을 지적하십니다. 예수님이 공생애를 마치고 예루살렘 성전으로 가서 먼저 성전을 청결케 하시는 부분이 마태복음 21:12-13입니다.

> 예수께서 성전에 들어가사 성전 안에서 매매하는 모든 사람들을 내쫓으시며 돈 바꾸는 사람들의 상과 비둘기 파는 사람들의 의자

를 둘러 엎으시고 그들에게 이르시되 기록된 바 내 집은 기도하는 집이라 일컬음을 받으리라 하였거늘 너희는 강도의 소굴을 만드는도다 하시니라(마 21:12-13).

예수님은 성전에 들어가셔서 매매하는 모든 사람을 내쫓으시고 돈 바꾸는 사람들과 비둘기 파는 사람들의 상과 의자를 엎으십니다. 그리고 내 집은 기도하는 집이라고 하십니다. 예수님은 성전을 가리켜 '내 집'이라고 말씀하신 부분을 언급하시며, 이 부분에서 성전 즉 교회의 주인은 사람이 아닌 하나님임을 말씀하신 것입니다. 어떤 집이든지 주인이 있습니다. 정상적인 주인이면 집을 잘 가꿉니다. 주님은 교회의 주인으로서 교회가 교회답기를 원하십니다.

그런데 우리는 교회가 건물이 아님을 기억해야 합니다. 건물은 단지 예배드리는 장소일 뿐입니다. 교회는 무엇입니까? 성도들의 모임 즉 성도 한 사람 한 사람이 모여서 교회가 되는 것입니다. 그러므로 교회가 교회답게 된다는 말씀은 성도들 한 사람 한 사람이 성도답게 되어야 한다는 것을 의미합니다. 이 말은 교회는 주님을 닮는 제자들이 되어야 한다는 것과 같습니다.

한번 생각해 보십시오. 세상 사람들의 목표와 목적은 잘 먹고 잘 사는 것입니다. 천국에 대해서 관심도 없고 믿지도 않을뿐더러, 현재 자기가 살고 있는 이곳이 최고의 목표요, 목적입니다. 눈뜨면 어떻게 해야 성공하고 어떻게 해야 돈을 잘 벌 것인가를 생각합니다. 그러나 성도와 교회는 나에게 생명을 주신 주님의 은혜에 감사해서, 주님을 위해서 사는 것이 목표와 목적이 되어야 합니다. 따라서 우리가 열심히 공부하고 사업하고 문화를 이루는 이유가, 나 혼자 잘 먹고 잘살기 위한 것이 아니라, 나를 구원해주신 하나님을 사랑하고 하나님께 영광 돌리기 위함임을 잊지 말아야 합니다.

그러기 때문에 예수 믿는 사람은 게을러서는 안 됩니다. 부지런해야 하고 성실히 살아야 하며, 시간을 낭비해서는 안 됩니다. 우리는 주어진 일에 최선을 다해서 열심히 살아야 합니다. 우리의 모습을 보고, 안 믿는 사람들이 그 이유를 생각하다가 그것이 예수님 때문임을 발견하여, 그들도 예수 믿고 싶은 마음이 들도록 하는 것이, 오늘 예수를 믿는 우리가 지닌 삶의 자세이어야 합니다.

교회의 타락 이유를 살펴보면 항상 그 중심에 돈이 있습니다. 예수님은 성전에서 장사하는 사람들을 채찍질해서 쫓아버립니다. 누가 성전을 더럽힙니까? 성전에 있는 사람들 즉, 지금으로 말하면 예수 믿는 사람들입니다. 세상 사람들이 교회를 더럽히지 않습니다. 교회를 뒤집어 엎지도 않습니다. 교회를 더럽히는 사람들은 세상 사람들이 아니라 오히려 예수 믿는다고 말하며 교회에 다니는 사람들입니다. 교회의 직분자들인 목사와 장로와 집사와 권사들이 그렇습니다. 언제부터인지 한국교회 안에 헌신이 없고 전부 다 장로 되는데 관심이 있고 돈 주고서라도 직분을 얻으려고 합니다. 교회를 통해서 돈을 벌고 이익을 얻으며 자기 사람을 만들려고 합니다. 존경 받는 장로와 목사와 권사는 없고 부러운 장로와 목사와 권사만 있을 뿐입니다.

제가 부목사 시절에 교회에서 먼 곳에 사시는 어떤 사람이 등록을 했습니다. 나중에 그 사람이 말하길 "큰 교회에 와야 사업하면서 얻는 것이 많지요!"라고 했습니다. 깜짝 놀랐었습니다. 그런데 이것은 그 사람만의 문제는 아닐 것입니다. 교회는 돈 때문에 모이는 곳이 아닙니다. 그렇다면 교회는 왜 모입니까? 내 영혼이 구원받아 감사해서, 정말 주님의 몸 된 교회를 이루며, 하나님의 뜻을 이루고자 교회로 모이는 것입니다.

하나님은 이 교회를 하나님의 집이라 말씀하십니다. 교회의 주인이 하나님이시라는 것입니다. 또한 예수님은 교회를 기도하는 집이라고 말씀하십니다. 기도는 그 영혼이 주님을 만나고 대화하는 것입니다. 그때 내 영혼이 살고 힘을 얻고 하나님 백성답게 살게 되는 것입니다. 기도를 하면서 주님의 뜻을 깨닫게 되기 때문에 주님의 백성답게 살고자 하는 열망이 솟아나게 됩니다. 하지만 기억할 것이 있습니다. 그것은 이처럼 내가 천국 백성으로서 하나님의 뜻을 이루고 싶은 마음을 주시고 또한 감당할 수 있는 힘과 능력을 주시는 분이 우리 아버지 하나님이시라는 사실입니다.

본문에서 교회는 살아계신 하나님의 집이라고 말씀하셨는데 이것은 또한 죽은 하나님이 아니란 것입니다. 죽음에서 부활하신 분이 예수 그리스도요 살아계신 하나님이십니다. 그렇기 때문에 지금도 살아서 교회를 정비하고 참된 하나님의 사람들을 이끌어 가시는 분이 하나님이십니다. 여러분, 한번 생각해 보십시오. 주인이 살아있다면 주인의 허락 없이 사람들은 그 집을 드나들 수 없습니다. 교회의 주인이 살아계신 하나님이시기에 교회를 함부로 들어올 수 없는 것입니다. 주님께서 허락하신 사람만이 교회에 들어올 수 있다는 것입니다.

교회의 직분도 하나님께서 허락하셔야 하는 것입니다. 저는 목사가 되고 싶어서 된 것이 아닙니다. 하나님께서 허락하셨기에 하는 것입니다. 목사가 먹고 살기 위한 직업이라면 저는 이 일을 하지 않았을 것입니다. 먹고 살 방법이 없어서 목사를 합니까? 일반은총에 의해서 하나님은 이 세상 모든 사람들에게 해와 비를 주시고 다 먹고 살게 하십니다. 열심히 노력하면 다 먹고 삽니다. 안 믿는 사람도 열심히 공부하면 대학에 들어가고 똑똑한 사람들은 믿지 않아도 서울대 갑니다. 우리는 이런 부분을 많이 생각해야 합니다. 하나님의 주권을 생각하지 않고 바른 신앙과 관점을 갖지 않으면 인간적으로 흐르게 되어 자신도 모르게 하나님의 뜻에서 멀어지는 것입니다.

교회는 교회만의 특징이 있습니다. 예를 들어 중국집 하면, 자장면, 제지회사는 종이, 라면회사 하면 라면이란 말이 즉각 나오듯이 교회 하면 예수님, 진리가 떠올라야 하는 것입니다. 성경은 교회를 진리의 기둥과 터라고 말씀합니다.

건물은 기초가 중요합니다. 그리고 기초 위에 기둥이 바로 세워져야 합니다. 교회는 진리의 기둥과 터입니다. 기둥과 터 모두 진리란 말입니다. 그러면 왜 그렇게 진리가 중요한 것일까요? 진리를 알 때 사람이 자유를 얻기 때문입니다.

> 진리를 알지니 진리가 너희를 자유롭게 하리라(요 8:32).

여러분, 한번 생각해 보십시오. 몸이 아프면 아픔으로부터, 그리고 배가 고프면 배고픔으로부터 자유를 못 누립니다. 그렇지요? 그러나 이것은 한시적인 것입니다. 하지만 오고 오는 시대에 인류를 계속해서 억압하는 것이 있는데 그것은 바로 죄 때문에 오는 죽음입니다.

요한복음 8장에서 유대인들은 "우리는 아브라함의 자손으로서 종된 일이 없는데 무슨 자유가 필요한가?"라고 말합니다. 그때 예수님이 죄를 지으면 죄의 종이라고 말씀하셨습니다. 그것이 요한복음 8:32-36까지 말씀입니다.

> 진리를 알지니 진리가 너희를 자유롭게 하리라 그들이 대답하되 우리가 아브라함의 자손이라 남의 종이 된 적이 없거늘 어찌하여 우리가 자유롭게 되리라 하느냐 예수께서 대답하시되 진실로 진실로 너희에게 이르노니 죄를 범하는 자마다 죄의 종이라 종은 영

원히 집에 거하지 못하되 아들은 영원히 거하나니 그러므로 아들이 너희를 자유롭게 하면 너희가 참으로 자유로우리라(요 8:32-36).

죄를 범한 자마다 죄의 종입니다. 한번 죄를 지으면 죄를 벗어날 방법이 없습니다. 그런데 "종은 영원히 집에 거하지 못하되 아들은 영원히 거하나니 그러므로 아들이 너희를 자유롭게 하면 너희가 참으로 자유로우리라"라고 하십니다. 아들 예수님이 자유롭게 하면 자유롭게 될 것이란 말입니다. 그 말은 곧 우리의 죄를 예수님이 해결해 주신다는 말입니다. 우리 대신 십자가를 지시고 내 죄를 다 용서해 주시므로 우리가 죽음에서부터 자유롭게 된다는 것입니다. 그래서 주님은 "내가 곧 길이요 진리요 생명"이라고 말씀하십니다. 예수님만이 진리이시기에 그를 믿는 사람들은 영원한 자유를 얻게 되는 것입니다.

예수께서 이르시되 내가 곧 길이요 진리요 생명이니 나로 말미암지 않고는 아버지께로 올 자가 없느니라(요 14:6).

예수님만이 우리의 진리이고 죄로부터 영원한 자유를 주어 영원히 살게 하시는 분이십니다. 여러분, 하나님 나라에서는 누가 살게 될까요? 바로 하나님의 자녀가 살게 됩니다. 주님을 영접함으로 인해 자녀가 된 자들입니다.

> 영접하는 자 곧 그 이름을 믿는 자들에게는 하나님의 자녀가 되는 권세를 주셨으니(요 1:12).

주님을 나의 구주로 영접할 때 하나님의 자녀가 되는 권세를 얻게 됩니다. 그러므로 교회는 어떤 곳입니까? 진리로 사람을 살리는 곳입니다. 교회는 남의 잘못을 들춰내고 악평할 때, 같이 악평하는 곳이 아닙니다. 오히려 그것을 끌어안음으로 그 사람을 살려서 진리 되신 주님께 인도하는 것이 교회라는 사실을 잊지 마시기를 바랍니다. 교회에서는 이 진리가 드러나야 합니다. 주님 때문에 인생이 행복한 그런 교회가 되기 바랍니다.

교회가 얼마나 소중하며, 얼마나 막강한 능력을 가지고 있는지 아십니까? 교회는 음부의 권세가 이기지 못하는 곳입니다. 마태복음 16장에 보면 예수님께서 제자들과 함께 빌립보 가이사랴 지방에 지나가시게 됩니다. 그때 주님께서 제자들에게 묻습니다. "사람들이 인자를 누구라고 하느냐?" 그러자 제자들이 이구동성으로 대답합니다. "세례 요한, 엘리야, 예레미야나 선지자 중의 한 사람이니이다." 그때 주님께서 재차 "너희는 나를 누구라고 하느냐" 물으시자 베드로가 대답을 합니다. "주는 그리스도시요 살아계신 하나님의 아들이십니다." 그러자 우리 주님께서 곧 바로 대답하십니다.

> 예수께서 대답하여 이르시되 바요나 시몬아 네가 복이 있도다 이를 네게 알게 한 이는 혈육이 아니요 하늘에 계신 내 아버지시니라 또 내가 네게 이르노니 너는 베드로라 내가 이 반석 위에 내 교회를 세우리니 음부의 권세가 이기지 못하리라(마 16:17-18).

여기 보면 교회는 음부의 권세가 이기지 못하는 곳이라고 하셨습니다. 음부의 권세란 무엇일까요? 첫째로, 죽음의 권세를 의미합니다. 교회는 죽음의 권세를 이기는 곳입니다. 죽어가는 자, 아니 이미 영적으로 죽은 자를 살리는 곳이 교회입니다.

둘째로, 지옥의 권세를 의미합니다. 즉 교회는 지옥의 권세가 이기지 못하는 곳입니다. 지옥 갈 사람이 예수 믿고 천당에 가는 곳이 교회라는 것입니다. 이 세상에서 유일하게 지옥에서 천당으로 옮길 수 있는 곳이 교회입니다.

셋째로, 마귀 사탄의 권세를 의미합니다. 즉 교회는 마귀의 권세를 이기는 곳입니다. 사탄의 권세를 이기는 유일한 곳이 교회입니다. 교회만이 진정으로 죽음의 권세와 지옥의 권세와 사탄 즉 마귀의 권세를 이기는 곳입니다. 이처럼 교회는 막강한 힘과 능력을 가지고 있는 것입니다.

출애굽 한 이스라엘 백성들은 40년 동안 광야 생활을 하는데 그 사람들은 광야에서 단지 먹다가 죽었습니다. 예수 믿는 사람들은 먹고 죽는 인생이 아닙니다. 교회는 불신자들이 예수 믿고 주님께 돌아오도록 하는 이 사명을 감당해야 합니다. 정말 예수님만 바라보며 교회답고 성도다운 우리 모두가 되길 바랍니다. 죄짓지 말고 거짓말하지 말고 남 얘기하지 말고 하나님 앞에서 진실하게 사시길 바랍니다.

어린 시절 기차 타고 버스 타고 먼 곳에 간다는 것은 대단한 일이었습니다. 그때 아들을 심부름시켜서 일가친척에게 보낼 때 마침 함께 가는 사람이 예수 믿는 사람이라면 안심했었습니다. 그러나 지금은 예수 믿는 사람을 못 믿습니다. 우리들끼리도 못 믿고 끼리끼리 어울리고 있습니다. 누가 괜찮은 사람이라면 어울리고 시원치 않은 사람 같으면 가까이 가지 않습니다. 이것이 다 잘못입니다. 세상 사람들도 이렇게 살아갑니다. 그러나 예수 믿는 사람들은 그 생각과 사상과 가치관과 철학과 신앙이 근본적으로 세상 사람들과 달라야 하는 것입니다. 우리는 정말 하나님이 주인 되어서 역사하시는 그런 교회를 이루어 가야 합니다.

교회의 주인이 하나님이십니다. 또한 하나님께서는 교회 곧 믿음의 사람들을 통해서 역사하심을 기억하시기 바랍니다. 오늘 우리가 그런 교회로 만들어 나갑시다. 아직도 교회는 소망이 있습니다. 우리 모두가 새롭게 출발합시다. 우리 교회부터 새롭게 출발합시다. 그리고 하나님 앞에 진실하고 충성스럽게 살아가는 저와 여러분들 되길 원합니다. 하나님의 크신 역사가 모든 교회에 넘치리라고 믿습니다.

기도

아버지 하나님, 고맙습니다. 오늘 새롭게 결단합니다. 도와주옵소서! 이제 바르게 정로를 걸어나는 우리 모두가 되게 하여 주옵시고, 하나님이 역사하시는 성도, 하나님의 역사를 경험하는 성도, 하나님이 살아서 역사하시는 교회를 함께 이뤄가는 우리 모두가 되게 하여 주시옵소서! 우리만 아니라 우리의 자자손손이 복을 받고, 믿지 않는 세상 사람들이 우리를 보고 주님 믿고 싶은 마음을 가지게 하여 주시옵소서. 그래서 많은 사람을 살리는 살아있는 교회가 되게 하여 주시옵소서! 예수님의 이름으로 기도하옵나이다. 아멘.